BARCELONA

DIE KULTREZEPTE

STEPHAN MITSCH
FOTOS ARNOLD PÖSCHL

BARCELONA

DIE KULTREZEPTE

CHRISTIAN

PH
Pesatronic
SAL FUEGO
SAL BARBACOA
SAL PIMIENTA
FLOR DE SAL
2,90€
50% Patas
Espirales de Canela
Cinnamon Spirals

LA BARRACA
Antartica
16,90€
JEREZ
2,45€
3,50€
3,50€
2,70€
La Flor de Málaga
Aceite de Oliva Virgen Extra
Vinagre de Jerez Reserva
Sherry Vinegar Reserva
Producto de España
250ml℮ 8,5floz
GARDENY
CREMA BALSÁMICA DE Módena
CRISTALES DE SAL NEGRA

INHALT

ES GIBT KEIN PARADIES. GOTT LEBT HIER!

Barcelona, so alt und ewig jung, ist eine der wenigen Städte auf der Welt, die es geschafft hat, sich komplett neu zu erfinden. Für die Olympischen Spiele 1992 restauriert, mit neuen Verkehrsmitteln und einem neuen Flughafen ausgestattet, ja, um komplett neue Stadtteile erweitert, avancierte die Stadt zum Top-Ziel für Touristen aus aller Welt. Und Barcelona ist zu Recht eine Reise wert, nicht nur wegen der Sehenswürdigkeiten.

Die Hauptstadt Kataloniens war schon immer das Ziel vieler Menschen. Bereits im 19. Jahrhundert kamen aus den ärmeren Gegenden Spaniens, wie Andalusien, der Extremadura oder Galizien, Zuwanderer in der Hoffnung auf ein besseres Leben. Sie brachten eigene Bräuche aus der Heimat mit, auch ihre Rezepte. Warum sollte man Gutes verschmähen? Und so eignete sich die Küche Barcelonas kurzerhand die der Zuwanderer an: Gazpacho aus Andalusien, Paella aus Valencia, Marmitako aus dem Baskenland und vieles mehr. Später trugen Zuwanderer aus Nahem, Mittlerem und Fernem Osten, aus Afrika, Süd- und Mittelamerika das Ihre zum kulinarischen Potpourri der Stadt bei. Maniok, Kochbananen, Süßkartoffeln, Mungobohnen, Ingwer, Curry und Sojasauce haben ihren festen Platz in der Küche Barcelonas, einer wahren *cocina de fusión*, gefunden.

Ich persönlich kenne keine andere Stadt, in der man sich preiswert so ungeheuer gut kulinarisch verwöhnen lassen kann. Das Mittelmeer »vor der Haustür« und das Umland erweisen sich als wahre Füllhörner der Genüsse. Die Auswahl an Fisch und Meeresfrüchten in der *boquería*, dem bekanntesten Markt Barcelonas, scheint unerschöpflich und macht Appetit. Im Südwesten von Barcelona liegt der Prat de Llobregat, das Mündungsdelta des Flusses Llobregat. Dieser Gemüsegarten der Stadt liefert im Winter die *calçots*, die Lauchzwiebeln, und Kohl, im Frühjahr dann unter anderem die fantastischen Artischocken und Dicke Bohnen. Im Laufe des Jahres gedeihen hier Gemüse, wie Kichererbsen, Tomaten, Auberginen und etliche Obstsorten. Die Katalanen sind vernarrt in Pilze, im Herbst werden Unmengen davon verarbeitet. Edelreizker, Pfifferlinge oder Kaiserlinge bereichern dann die Karte eines jeden Restaurants. Traditionell wird in Spanien nicht nur in der berühmten Paella sehr viel Reis gegessen und so auch in Barcelona – wie gut, dass weiter südlich der Stadt bei Tortosa im Mündungsdelta des Ebro ein riesiges Reisanbaugebiet liegt.

Auch der Spanier liebt Nudeln! Gefüllte große Röhrennudeln, *canelones*, sind ein klassisches Weihnachtsessen, ebenso darf an den Festtagen der berühmte Fleischeintopf *escudella i carn d'olla* nicht fehlen. Ganz wichtig sind die kurzen Fadennudeln *fideos*, die mit Meeresfrüchten, Pilzen, Gemüse oder Geflügel in Sud gegart werden.

Apropos Geflügel, das spielt in der traditionellen Küche Kataloniens natürlich eine große Rolle. Hühner, Enten, Wachteln, edle Fasane und *perdices*, Rebhühnern recht ähnliche Rotfußhühner, werden das ganze Jahr über in zahllosen Variationen zubereitet. Fleisch nimmt einen hohen Stellenwert in der spanischen Küche ein – Kaninchen, Lamm und Rind (aus dem benachbarten Girona kommt besonders gutes Rindfleisch) und vor allem Schwein. Im Herbst kommt Wild in Topf und Pfanne. Nicht unerwähnt bleiben sollte hier das »Fleisch des armen Mannes«, die Schnecken.

Eine Besonderheit der katalanischen Küche stellen Gerichte dar, die in für uns häufig zunächst recht abenteuerlich klingenden Kombinationen Zutaten aus Meer und vom Festland, *mar i*

muntanya, verbinden: Bohnensuppe mit Muscheln, Kaninchen mit Krabben oder Huhn mit Fisch und Meeresfrüchten, um nur einige zu nennen.

Ein Wort zur Esskultur: In Spanien frühstückt man wenig, trinkt bestenfalls zu Hause einen Kaffee. Auf dem Weg zur Arbeit gönnt man sich in der Regel noch ein *bocadillo*, ein Brötchen, oder ein *cruasán*. Sprechen Sie Letzteres ruhig einmal laut aus: Ja, es handelt sich dabei um ein Croissant! Wer seinen Appetit bis zum Mittagessen nicht zügeln kann, der greift zwischendurch noch zu ein paar Tapas, denn zu Mittag isst man in Spanien erst ab etwa 14 Uhr. Am späten Nachmittag gibt es vielleicht noch einmal ein paar Tapas zum *vermut* oder zur *caña*, dem frisch gezapften Bier. Man kommt spät nach Hause, also wird auch spät zu Abend gegessen. Die ersten Restaurants öffnen um 20.30 Uhr; das Abendessen fällt in der Regel, vor allem am Wochenende, recht üppig aus. Auf einem Spaziergang durch Barcelona möchte ich nachfolgend Ihr Augenmerk vor allem auf einige gastronomische Highlights lenken. Alles andere erklärt Ihnen der Reiseführer!

Im alten Stadtviertel El Born / La Ribera befinden sich nicht nur etliche sehenswerte Paläste. Ganz wichtig: Hier liegt der Mercat de Santa Caterina, der vor einigen Jahren komplett renoviert wurde und ein neues farbenfrohes Dach bekam. Außerdem finden Sie hier einige interessante Bars und Restaurants, so etwa im Markt das »Cuines Santa Caterina«. An die Ramblas im Zentrum grenzt das gotische Viertel El Raval. Hierher zog es vom 17. bis ins 19. Jahrhundert nicht nur die Hautevolee, der es im »alten« Teil

der Stadt zu eng und zu düster wurde, hier liegt vor allem die weltbekannte *boquería* oder Mercat de Sant Josep. Leider verliert der Markt durch den Zustrom der Touristen immer mehr seinen ursprünglichen Charakter, viele Stände verkaufen irgendwelche bunten Fruchtcocktails statt Obst und Gemüse. Mit authentischen Gerichten stärken kann sich aber der, der geschickt einen Platz ergattert im »El Quim de la Boquería« und im »Pinotxo«. Sogar im Viertel Raval gibt es noch einige gute Restaurants, wie zum Beispiel die wunderschöne »Fonda Espanya« im Hotel Espanya und das »Ca l'Isidre«, ein echter Klassiker. Im Viertel San Antonio liegt die alte wiedereröffnete Brauerei Moritz und schenkt frisch gezapftes Bier vom Fass aus. Wie in den Vierteln Gràcia, Sant Gervasi und Sarrià befindet sich auch im um die Wende zum 20. Jahrhundert entstandenen Stadtviertel Eixample (»Erweiterung«) eine Fülle interessanter Restaurants. Als Beispiel seien hier nur »Tragaluz«, »Osmosis« und »Etapes« genannt. Es sind viele mehr, und in den Seitenstraßen können Sie alles rund ums Essen und Kochen erstehen. Wer Fisch und Meeresfrüchte liebt, wird vor allem in den Restaurants der Barceloneta, ganz früher einmal das alte Fischerviertel, fündig. Im anlässlich der Olympischen Spiele geschaffenen neuen Viertel Poblenou oder 22@ lässt sich in der ESHOB, der Schule für Gastronomie, vorzüglich speisen.

In der internationalen Koch- und Genießerwelt hat der katalanische Meisterkoch Ferran Adrià mit seinen wegweisenden Kreationen für Furore gesorgt, und auch auf die Küche Barcelonas hat seine Molekularküche einen nicht zu bestreitenden Einfluss. Mit einer alles andere als landläufigen Küche, in der Aromen, Farben und Texturen alle Sinne ansprechen, hat er gezeigt, dass Essen weit mehr sein kann als bloße Nahrungsaufnahme. Die katalanische Küche jedenfalls, die Traditionelles und Neues so wunderbar zu verbinden, bekannte Zutaten so hochkreativ zuzubereiten oder sich überlieferter Zubereitungsmethoden zu erinnern vermag, hat sich auch Ferran Adrìas Ideen geöffnet.

All diese Komponenten haben eine der wohlschmeckendsten Küchen Europas hervorgebracht. Ich stelle Ihnen die Gerichte unter den gebräuchlichen katalanischen und spanischen Bezeichnungen sowie ihrer deutschen Übersetzung vor; das eine oder andere ist lediglich unter katalanischem oder spanischem Namen verbreitet. Entonces, zu meiner Person: Wie ich nach Barcelona kam … ach Gott, das ist eine Geschichte. Machen wir es kurz: Als Kind bin ich aus Ostfriesland nach Äthiopien »verpflanzt« worden. Danach ging es zurück nach Deutschland, nach Düsseldorf, dann nach Schwetzingen und Frankfurt. Lange bevor in Deutschland großartig von der katalanische Küche die Rede war, etwa vor 25 Jahren, besuchte ich Barcelona zum ersten Mal. Viel mehr als Paella, *gambas al ajillo*, *patatas bravas* und frittierten Fisch lernte ich nicht kennen. Vor mehr als 15 Jahren schlug ich in Barcelona schließlich Wurzeln. Pathologisch neugierig, sog ich die katalanische Lebensart, Kultur, Sprache und eben auch die einzigartige hiesige Küche förmlich auf. Heute weiß ich: Es gibt kein Paradies. Gott lebt hier!

TALLER

Ein Spaziergang durch die engen Gassen der Altstadtviertel macht Hunger und verführt zugleich zum Schlemmen.

Bei Tapas handelte es sich einmal lediglich um ein Stück Schinken oder eine Scheibe Wurst, die vor allem im Süden Spaniens auf das Weinglas gelegt wurden, um zu verhindern, dass etwa eine Fliege hineinfiel.

Tapa bedeutet nichts anders als »Deckel«. Die kleinen Häppchen fielen immer ideenreicher aus. In vielen Gerichten, die wir heute als Tapas serviert bekommen, wurde Übriggebliebenes vom Vortag ebenso kreativ wie köstlich verwertet – Kroketten oder russischer Salat gehören in diese Kategorie. Mit der Entdeckung der Tapas als »In-Genuss« werden sie heute aber stets frisch zubereitet. Heute ist die Tapas-Auswahl unübersehbar, und es gibt nicht nur in Barcelona neben Tapas-Bars auch Restaurants, die sich darauf spezialisiert haben. Tapas haben längst ihren Siegeszug um die Welt angetreten.

TAPAS

CROQUETES

CROQUETAS
KROKETTEN

Die Kroketten Spaniens haben nichts mit französischen oder deutschen Kroketten zu tun. Eine erste schriftliche Erwähnung iberischer Kroketten geht auf den Schriftsteller Alexandre Dumas zurück, der Kroketten auf einer Spanienreise aß. Spanische Kroketten basieren auf einer recht festen Béchamelsauce, in die andere Zutaten eingearbeitet werden. Es gibt zahllose Rezeptvarianten, aber für die Zubereitung aller gelten die gleichen Regeln.

1. Die Béchamel-Grundmasse muss verhältnismäßig fest sein.
2. Die Kroketten sollten alle gleich groß sein, die Form spielt dabei keine Rolle. Der Teig sollte kühlschrankkalt sein, die Kroketten werden am besten mit einem Eisportionierer geformt.
3. Korrektes Panieren ist wichtig: Das Ei muss gut verquirlt werden. Das beste Paniermittel ist frisch geriebenes altbackenes Brot.
4. Zum Frittieren sollte lieber ein kleines Gefäß benutzt werden, damit die Kroketten rundum vom heißen Fett umgeben sind und nicht aufbrechen oder -platzen können. Das Frittierfett hat die richtige Temperatur, wenn an einer Probekrokette Bläschen aufsteigen. Nie zu viele Kroketten auf einmal ins Fett geben!
5. Rohe Kroketten lassen sich einfrieren und jederzeit zubereiten; wichtig ist, sie vollkommen aufgetaut zu frittieren. Nichts schmeckt schlechter als eine Krokette, die außen goldbraun und innen noch gefroren und roh ist.

CROQUETES AMB CHORIZO

CROQUETAS CON CHORIZO
KROKETTEN MIT CHORIZO

Auf diesen Seiten stelle ich Ihnen drei klassische Varianten der Kroketten vor.

Für 40 kleine Kroketten | **Zubereitung:** 45 Minuten | **Kühlzeit:** 12 Stunden, am besten über Nacht | **Frittierzeit:** 25–30 Minuten

ZUTATEN

Für die Kroketten

200 g Chorizo

Für die Béchamel-Grundmasse

100 g Butter
100 g Mehl
1 l Vollmilch
Salz
frisch gemahlener schwarzer Pfeffer
frisch geriebene Muskatnuss

Für die Panade

2–3 Eier
Paniermehl

Außerdem

reichlich Olivenöl zum Frittieren

DEN TEIG HERSTELLEN

Die Wurst von der Haut befreien und das Wurstbrät fein hacken. In einer Pfanne ohne Fett bei mittlerer Hitze einige Minuten unter Rühren anbraten. Aus der Pfanne nehmen und auf Küchenpapier abtropfen lassen.

In einem großen Topf die Butter bei mittlerer Hitze zerlassen und darin das Mehl unter Rühren anschwitzen, es sollte nicht anbrennen. Unter ständigem Rühren die Milch nach und nach dazugeben, es dürfen sich keine Klümpchen bilden. Mit Salz, Pfeffer und Muskatnuss abschmecken. Weitere 15 Minuten unter Rühren köcheln und eindicken lassen.

Die geschmackgebenden Zutaten – in diesem Fall die Chorizo – zugeben und 5 Minuten unter Rühren weiterköcheln. Die Masse in eine Schüssel geben, mit Frischhaltefolie abdecken und einige Stunden, am besten über Nacht, im Kühlschrank kalt und fest werden lassen.

DIE KROKETTEN FORMEN

In einer flachen Schüssel die Eier verquirlen, Paniermehl auf einen Teller geben. Mit einem Eisportionierer gleich große Teigmengen abnehmen und runde oder ovale Kroketten formen. Durch das Ei ziehen, in Paniermehl wenden und in heißem Öl goldbraun frittieren. Auf Küchenpapier abtropfen lassen.

VARIATIONEN

Kroketten können Sie mit vielen Zutaten verfeinern – Fisch (Thunfisch, Bacalao), Meeresfrüchten, Käse, Gemüse und mehr. Nicht zu viele Zutaten in eine Krokettensorte geben, damit die Kroketten nicht auseinanderfallen!

CROQUETES AMB CEPS

CROQUETAS DE SETAS
KROKETTEN MIT PILZEN

ZUTATEN

Butter zum Dünsten
1–2 Zwiebeln, fein gehackt
200 g Steinpilze oder gemischte Pilze, fein gewürfelt
Salz, frisch gemahlener schwarzer Pfeffer
100 ml kräftiger Weißwein
1 EL gehackte krause Petersilie

In einer Pfanne bei mittlerer Hitze die Butter zerlassen. Die Zwiebeln darin goldgelb dünsten, die Pilze hinzugeben und bei hoher Temperatur anbraten. Mit Salz und Pfeffer abschmecken und mit dem Weißwein ablöschen. Die Flüssigkeit einkochen lassen.

Aus der Pfanne nehmen und in einem Sieb oder auf Küchenpapier abtropfen lassen. Die Petersilie untermengen und weiter verfahren wie auf Seite 16 angegeben.

CROQUETES DE POLLO

CROQUETAS DE POLLO
KROKETTEN MIT HUHN

ZUTATEN

Butter zum Dünsten
2 Zwiebeln, fein gehackt
250 g Hähnchenbrust, fein gewürfelt
Salz
frisch gemahlener weißer Pfeffer

In einer Pfanne bei mittlerer Hitze die Butter zerlassen. Die Zwiebeln darin goldgelb dünsten. Die Hähnchenbrust zugeben und alles einige Minuten unter gelegentlichem Rühren weiterdünsten, abschmecken. Aus der Pfanne nehmen und in einem Sieb oder auf Küchenpapier abtropfen lassen. Weiter verfahren wie auf Seite 16 angegeben.

CROQUETES CASERAS DE ESPINACS

CROQUETAS CASERAS DE ESPINACAS
KROKETTEN MIT SPINAT

Bei dieser Variante wird die Béchamel-Grundmasse direkt mit der geschmacksgebenden Zutat hergestellt.

Für 40 kleine Kroketten | **Zubereitung:** 45 Minuten | **Kühlzeit:** 12 Stunden, am besten über Nacht | **Frittierzeit:** 25–30 Minuten

ZUTATEN

Für die Kroketten

200 g Spinat (TK)
1 Prise Salz
80 g Butter
2 EL Mehl
400 ml Milch
50 g Blauschimmelkäse, zerbröselt

Für die Panade

2–3 Eier
Paniermehl
reichlich Olivenöl zum Frittieren

ZUBEREITUNG

Den Spinat in wenig Salzwasser 5 Minuten kochen, in ein Sieb geben und gut abtropfen lassen, ausdrücken. In einer Pfanne bei mittlerer Temperatur die Butter zerlassen und den Spinat darin kurz andünsten. Das Mehl unter Rühren zufügen. Nach und nach unter Rühren die Milch angießen, bis eine sämige grüne Béchamel-Grundmasse entsteht. Die Pfanne vom Herd nehmen und den Käse unter die heiße Masse heben, bis er geschmolzen ist. 12 Stunden kalt stellen. Danach Kroketten formen, panieren und frittieren (siehe Seite 16).

CROQUETES AMB CECINA

CROQUETAS CON CECINA
KROKETTEN MIT CECINA UND PORREE

ZUTATEN

Butter zum Dünsten
1 kleine Stange Porree, in feine Ringe geschnitten
150 g Cecina (Trockenfleisch, alternativ Bündnerfleisch), fein geschnitten
Salz
frisch gemahlener schwarzer Pfeffer

In einer Pfanne bei mittlerer Hitze die Butter zerlassen. Den Porree darin goldgelb dünsten. Das Trockenfleisch zugeben und alles einige Minuten unter gelegentlichem Rühren weiterdünsten, abschmecken. Aus der Pfanne nehmen und in einem Sieb oder auf Küchenpapier abtropfen lassen. Weiter verfahren wie auf Seite 16 angegeben.

PAN AMB TOMAQUET

PAN CON TOMATE
BROT MIT TOMATE

Das ist einer der Klassiker der katalanischen Küche, den jeder kennt, er wird in den Restaurants Barcelonas ungefragt bei Tisch als Vorspeise gereicht. Wie bei so vielen Gerichten der katalanischen und spanischen Küche handelt es sich dabei um ein typisches Arme-Leute-Essen. Trockene Weißbrotscheiben wurden nicht weggeworfen, sondern mit einer halben Tomate – der tomacó, *einer alten Sorte, in deren harter Schale das Fruchtfleisch monatelang genießbar bleibt – eingerieben, nach Belieben zuvor auch noch mit einer Knoblauchzehe. Dann wird das Brot mit Olivenöl beträufelt und mit Salz bestreut serviert. Klassisch wird* pan amb tomaquet *mit einer Scheibe getoastetem oder geröstetem* pan de pagès, *einem Bauernweißbrot, zubereitet.*

Zubereitung: 10 Minuten

ZUTATEN

Knoblauchzehen
Scheiben von Bauernweißbrot, am besten auf einem Grill getoastet
vollreife Tomaten, halbiert
bestes kalt gepresstes Olivenöl
Salz

ZUBEREITUNG

Wer möchte, schneidet eine Knoblauchzehe durch und reibt das getoastete Brot damit ein. Dann wird auf jede Brotscheibe das Fleisch einer halben Tomate gerieben. Die Haut der Tomaten hat auf dem Brot nichts zu suchen. Einen guten Schuss Olivenöl darübergeben und eine Prise grobes Salz darüberstreuen – fertig.

Pan amb tomaquet schmeckt als Vorspeise oder einfach so unvergleichlich gut.

MANDONGUILLES AMB PÉSOLS

ALBÓNDIGAS CON GUISANTES
FLEISCHBÄLLCHEN MIT ERBSEN

Wer kennt sie nicht, die leckeren Fleischbällchen in der pikanten Sauce? Heiß dampfend und verlockend duftend kommen sie in vielen Tapas-Bars in Barcelona auf den Tisch.

Für 4 Personen | **Zubereitung:** 15 Minuten | **Koch- und Bratzeit:** 1 Stunde 5 Minuten

ZUTATEN

Für die Sauce

4 EL Olivenöl
1 kleine grüne und rote Paprika, fein gewürfelt
1 Karotte, fein gewürfelt
2 Tomaten, fein gewürfelt
1 große Zwiebel, fein gewürfelt
1 kleine Knoblauchzehe, fein gehackt
Salz
frisch gemahlener schwarzer Pfeffer
200 ml Gemüsebrühe
1 kleine Dose Erbsen (240 g)

Für die Fleischbällchen

1 Ei
2 Scheiben altbackenes Toastbrot, gewürfelt
½ Glas Weißwein
Salz
1 kg gemischtes Hackfleisch
2 EL Mehl

DIE SAUCE ZUBEREITEN

In einem Topf 1 EL Olivenöl bei mittlerer Temperatur erhitzen. Die Gemüse und den Knoblauch darin 6–8 Minuten andünsten und mit Salz und Pfeffer abschmecken. Die Gemüsemischung im Mixer fein pürieren, wieder in den Topf geben und mit der Gemüsebrühe erwärmen.

DIE FLEISCHBÄLLCHEN VORBREITEN UND BRATEN

Währenddessen in einer Schüssel Ei, Brot, Weißwein und etwas Salz gut vermengen. Das Hackfleisch dazugeben und alles zu einem homogenen Teig verarbeiten. Das Mehl auf einen flachen Teller geben. Aus dem Teig Bällchen von etwa 4 cm Durchmesser formen und im Mehl wälzen, damit sie beim Braten nicht auseinanderfallen.

In einer Pfanne mit hohem Rand das übrige Olivenöl bei mittlerer Temperatur erhitzen und die Fleischbällchen goldbraun anbraten. Die Fleischbällchen in die Gemüsesauce geben, die Temperatur leicht erhöhen und die Bällchen 30 Minuten garen. Die Erbsen in die Sauce geben und alles nochmals 10 Minuten köcheln. Heiß in Tonschälchen servieren.

VARIATION:

Mandonguilles a la jardinera

Der pürierten Sauce vor dem Erwärmen nur die Hälfte der Erbsen zugeben und die andere Hälfte durch gewürfelte Karotte ersetzen, zusätzlich 150 g kleine Champignons zugeben.

SEITONS EN VINAGRE

BOQUERONES EN VINAGRE
SAUER EINGELEGTE SARDELLEN

Eine ganz vorzügliche Tapa in den Bars von Barcelona sind die seitons *oder* boquerones en vinagre. *Das Rezept stammt aus Andalusien und wurde von Wanderarbeitern mitgebracht. In Essig, Öl, Knoblauch und Petersilie eingelegt, auf einer Scheibe Baguette, die mit einer halben Tomate eingerieben wurde, sind diese Sardellen eine Delikatesse. Das überzeugt oft sogar jemanden, der nicht so gerne Fisch mag, und schon gar keinen rohen!*

Für 4 Personen | **Zubereitung:** 45 Minuten | **Marinierzeit:** mindestens 4 Stunden

ZUTATEN

500 g frische Sardellen (möglichst vom Fischhändler ausgenommen)
400 ml Weinessig
1 TL Salz
1 Knoblauchzehe, in Scheiben geschnitten
1 TL edelsüßes Paprikapulver
kalt gepresstes Olivenöl
glatte Petersilie, in feine Streifen geschnitten

DIE SARDELLEN VORBEREITEN

Die frischen Sardellen gründlich waschen und den Kopf zum Rückgrat hin abbrechen. Den Fisch mithilfe des Daumens von der Öffnung her bis zum Schwanz längs öffnen und die Innereien entfernen. Die verbliebenen Filets waschen und vom Schwanz her die Mittelgräte mitsamt der anhängenden Gräten entfernen. Einfacher ist es, vom Fischhändler küchenfertig vorbereitete Sardellen zu verarbeiten. Die Filets etwa 20 Minuten in Eiswasser legen, um sie von etwaigen Verunreinigungen zu befreien.

DIE SARDELLEN MARINIEREN

In einer Keramik- oder Kunststoffschüssel Weinessig, Salz und Knoblauch gut vermischen. Die Sardellen hineinlegen und mindestens 4 Stunden, höchstens bis zu 24 Stunden – dann aber den Essig etwas verdünnen – im Kühlschrank marinieren. Die Sardellen sollten komplett mit Flüssigkeit bedeckt sein.

ANRICHTEN

Zum Servieren die Sardellen aus der Marinade nehmen, aber nicht abtropfen lassen. Die Marinade nicht weggießen. Die Sardellen auf einen Teller legen und nach Belieben mit etwas Paprikapulver bestäuben. Mit Olivenöl beträufeln, mit den Knoblauchscheiben aus der Marinade und Petersilie bestreuen. Alternativ auf einer Scheibe Brot, die mit einer halben Tomate eingerieben wurde, servieren.

In der Marinade oder unter Öl halten die Sardellen im Kühlschrank 2–3 Tage.

GAMBAS AL AJILLO

GAMBAS AL AJILLO
GAMBAS IN KNOBLAUCHSAUCE

Eine der bekanntesten Tapas sind gambas al ajillo.
Einfach zuzubereiten und unglaublich lecker sind sie auch.

Für 4 Personen | **Zubereitung:** 10 Minuten | **Kochzeit:** 15 Minuten

ZUTATEN

250 ml Olivenöl
3 Knoblauchzehen, in Scheiben geschnitten
2 rote Chilischoten, entkernt und in Ringe geschnitten.
100 g Gambas, küchenfertig, den Darm entfernt und ohne Köpfe
Salz

ZUBEREITUNG

In einer Pfanne mit hohem Rand oder in einer Kasserolle in etwas Olivenöl den Knoblauch und die Chilischoten anrösten. Sobald der Knoblauch beginnt, Farbe zu nehmen, die Gambas dazugeben und kurz mitbraten. Das restliche Olivenöl zugeben, alles bei mittlerer Temperatur erwärmen und mit etwas Salz würzen. Sofort entweder in der Pfanne oder in vier vorgewärmten Tonschalen mit Weißbrot servieren.

ENSALADILLA RUSA

ENSALADILLA RUSA
RUSSISCHER SALAT

Die ensaladilla rusa *ist eine weitere beliebte Tapa in den Bars Barcelonas, und auch sie hat ihren Ursprung in der Resteverwertung.*

Für 4 Personen | **Zubereitung:** 10 Minuten | **Kühlzeit:** 2–3 Stunden

ZUTATEN

200 g festkochende Kartoffeln, gekocht und gewürfelt
300 g grüne Bohnen, gekocht und in kurze Stücke geschnitten
300 g Erbsen, gekocht (alternativ aus der Dose)
300 g Karotten, gekocht und fein gewürfelt
1 Tomate, gehäutet, entkernt und klein gewürfelt
selbst gemachte *salsa mahonesa* / Mayonnaise (siehe Grundrezept Seite 260)
Salz
frisch gemahlener weißer Pfeffer

ZUBEREITUNG

In einer Schüssel alle Gemüse gut miteinander vermischen und die Mayonnaise unterheben. Mit Salz und Pfeffer abschmecken.

Den Salat 2–3 Stunden in den Kühlschrank stellen.

PATATES BRAVES

PATATAS BRAVAS
PATATAS BRAVAS

Patatas bravas *sind in ganz Spanien allgegenwärtig. Zu den »wilden Kartoffeln« gehört die* salsa brava, *eine pikante Sauce, in der Ketchup nichts zu suchen hat. Die Sauce wird heute leider oft durch eine mildere Mischung aus Ketchup und Tomaten ersetzt. Auch Mayonnaise gehört eigentlich nicht dazu – aber ich liebe sie. In der »Casa Tomás« in Sarrià bekommt man bekanntermaßen die besten* bravas *von ganz Barcelona – mit All i Oli statt Mayonnaise.*

Für 4 Personen | **Zubereitung:** 30 Minuten | **Koch- und Bratzeit:** 30 Minuten

ZUTATEN

Für die Salsa brava

2 EL Olivenöl

1 mittelgroße Zwiebel, fein gewürfelt

je 1 EL edelsüßes und scharfes Paprikapulver

2–3 EL Mehl

100 g pürierte Tomaten aus der Dose

400 ml Hühnerbrühe

Salz

Für die Kartoffeln

Olivenöl zum Frittieren

2 große Kartoffeln, in 2–3 cm große Würfel geschnitten

Salz

Dazu

selbst gemachte Mayonnaise (siehe Grundrezept Seite 260)

DIE SALSA BRAVA ZUBEREITEN

In einer Pfanne das Olivenöl bei mittlerer Temperatur erwärmen und die Zwiebel darin glasig werden lassen. Das Paprikapulver einrühren, dabei aufpassen, denn Paprika verbrennt sehr leicht und wird dann bitter. Das Mehl einrühren, dann die pürierten Tomaten und die Hühnerbrühe dazugeben und alles zusammen etwas einkochen. Mit Salz abschmecken. Salsa brava hält sich im Kühlschrank gut 1 Woche.

DIE KARTOFFELN BRATEN UND ANRICHTEN

In einer Pfanne mit hohem Rand oder in einer Kasserolle das Olivenöl sehr hoch erhitzen. Die Kartoffelwürfel dazugeben und 2 Minuten scharf braten. Die Temperatur reduzieren und 5–6 Minuten weitergaren. Zum Schluss die Temperatur nochmals für 2 Minuten erhöhen und die Kartoffelwürfel goldbraun werden lassen, salzen.

Die Kartoffeln auf Küchenpapier abtropfen lassen und dann mit einem Klecks Mayonnaise und einem ordentlichen Schuss Salsa brava so richtig wild machen!

BOMBETAS DE PATATES FARCIDAS

BOMBAS DE PATATAS RELLENAS
GEFÜLLTE KARTOFFELBÄLLCHEN

Dieses einfache und leckere Gericht bekommt man in vielen Tapas-Bars. Vor allem in der Altstadt und der Barceloneta werden die Kartoffelbällchen warm oder kalt serviert.

Für 12–14 Kartoffelbällchen | **Zubereitung:** 25 Minuten | **Koch- und Bratzeit:** 30 Minuten

ZUTATEN

400 g mehlig kochende Kartoffeln
1 Zwiebel
1 kleine Knoblauchzehe
200 g gemischtes Hackfleisch
Olivenöl zum Braten und für den Kartoffelteig
100 g pürierte Tomaten aus dem Glas
1 TL Tabasco
Salz
frisch gemahlener schwarzer Pfeffer
frisch geriebene Muskatnuss
3–4 EL Mehl
3–4 EL Paniermehl
2 Eier

DIE HACKFLEISCHFÜLLUNG VORBEREITEN

Die Kartoffeln in der Schale in Wasser garen. Währenddessen Zwiebel und Knoblauch schälen und fein hacken. In einer Pfanne Zwiebel, Knoblauch und Hackfleisch in Olivenöl bei mittlerer Temperatur anbraten. Wenn das Fleisch gut angebräunt ist, pürierte Tomaten und Tabasco zugeben und alles mit Salz abschmecken. Unter Rühren 10 Minuten fertig garen, sodass sämtliche Flüssigkeit verdampft.

DIE KARTOFFELBÄLLCHEN HERSTELLEN UND BACKEN

Die gekochten Kartoffeln abkühlen lassen, pellen und in einer Schüssel mit einer Gabel gründlich zerdrücken. Mit Salz, Pfeffer, Muskatnuss und 1–2 EL Olivenöl gut vermischen. Es sollte ein weicher Teig entstehen, der sich aber noch gut formen lässt.

Aus dem Kartoffelteig 12–14 Bällchen formen, diese flachdrücken und in die Mitte eine kleine Portion gegartes Hackfleisch geben. Daraus vorsichtig Bällchen formen. Mehl und Paniermehl auf separate Teller geben und die Eier verquirlen. Die Bällchen zunächst im Mehl wälzen, dann durch das Ei ziehen und im Paniermehl wälzen.

Die Bällchen in reichlich Olivenöl bei hoher Temperatur goldbraun ausbacken und zum Abtropfen auf Küchenpapier legen. Mit selbst gemachter Mayonnaise (siehe Seite 260) und Salsa brava dekoriert (siehe Seite 30) servieren.

PIMIENTOS DE PADRÓN

PIMIENTOS DE PADRÓN
FRITTIERTE GRÜNE PAPRIKASCHOTEN

Die pimientos de Padrón *kommen ursprünglich aus der Gegend um die Stadt Padrón. Vor rund 20 Jahren konnte man sie in Barcelona hauptsächlich in galizischen Tapas-Bars genießen – heute gehören sie ins Repertoire einer jeden Tapas-Bar in Barcelona. Die heute durchweg milden Schoten waren ursprünglich unberechenbar. Jede sechste bis achte Schote auf einem Teller war scharf und etwa jede zehnte bis zwölfte konnte ein echter Gruß aus der Hölle sein. Man sah es ihnen nie an. Die Schadenfreude der Freunde gab es immer gratis dazu.* Pimientos de Padrón *erhalten Sie heute übrigens in Deutschland in jedem gut sortierten Supermarkt.*

Für 4 Personen | **Zubereitung:** 15 Minuten

ZUTATEN

250 g Pimientos de Padrón
Olivenöl zum Frittieren
Fleur de Sel

ZUBEREITUNG

Die Paprikaschoten waschen und gut abtrocknen. In einem Topf oder einer Fritteuse das Olivenöl erhitzen und die Paprika darin rundum anbraten, bis die Haut Blasen wirft, ein paar dunkle Stellen schaden nicht. Auf Küchenpapier kurz abtropfen lassen. Auf einem Teller mit grobem Fleur de Sel bestreuen und sofort servieren.

PEOPL
love t
ARE A
BES

Natürlich! Was sonst?!

OUS ESTRELLATS

HUEVOS ESTRELLADOS
ZERSCHLAGENE EIER

Eier und Kartoffel passen einfach immer hervorragend zusammen, und es gibt unendlich viele Rezepte für diese Kombination. Mit dieser Version gewann die »Vermutería Lou« 2014 einen Preis beim Tapas-Wettbewerb in Barcelona. Probieren Sie das Rezept aus, und Sie erfahren, warum.

Für 4 Personen | **Zubereitung:** 25 Minuten

ZUTATEN

reichlich Olivenöl
4 mittelgroße Kartoffeln, in 2–3 cm große Würfel oder in Stifte geschnitten
Salz
4 sehr frische Eier
iberischer Schinken, in Späne geschnitten

DIE KARTOFFELN BRATEN

In einer Pfanne mit hohem Rand oder in einer Kasserolle reichlich Olivenöl sehr hoch erhitzen. Die Kartoffelwürfel dazugeben und 2 Minuten bei hoher Temperatur frittieren. Die Temperatur reduzieren und die Kartoffeln 5–6 Minuten weitergaren. Zum Schluss die Temperatur nochmals für 2 Minuten erhöhen, bis die Kartoffelwürfel goldbraun sind. Die Kartoffeln auf Küchenpier abtropfen lassen und salzen.

DIE EIER BRATEN

In der zweiten Pfanne reichlich Olivenöl erhitzen. Die Eier hineingleiten lassen. Beim Braten ständig mit dem Öl übergießen. Das Eiweiß soll stocken, das Eigelb aber noch komplett flüssig sein.

Die Kartoffel auf vier Tonschalen verteilen und je 1 Ei daraufsetzen. Das Ei leicht salzen und mit Schinkenspänen bestreuen. Sofort servieren. Nach Belieben das heiße Eigelb über die Kartoffeln laufen lassen.

BRANDADA DE BACALAO

BRANDADA DE BACALAO
STOCKFISCH-PÜREE

Die brandada de bacalao *wird in Variationen vom Baskenland bis Katalonien und dem katalanisch sprechenden Frankreich gerne als Vorspeise genossen. Sie ist leicht zuzubereiten und kommt immer gut an.*

Für 4 Personen | **Zubereitung:** 20 Minuten | **Kochzeit:** 25 Minuten

ZUTATEN

400 g Stockfisch, entsalzen, ohne Haut und Gräten, in Stücke geschnitten
250 g mehligkochende Kartoffeln
1 Knoblauchzehe
300 ml Olivenöl
100 g Sahne, leicht erwärmt
Salz
frisch gemahlener weißer Pfeffer

DEN STOCKFISCH KOCHEN

In einem Topf reichlich Wasser zum Kochen bringen. Den Stockfisch darin 2 Minuten sieden lassen, er sollte gut mit Flüssigkeit bedeckt sein. Den Fisch herausnehmen und gut abtropfen lassen. Etwas vom Kochwasser aufbewahren.

DIE KARTOFFELN KOCHEN

Die Kartoffeln schälen und in Salzwasser garen. Währenddessen den Knoblauch schälen und in feine Scheiben schneiden. In einem Topf das Olivenöl bei mittlerer Temperatur erwärmen und die Knoblauchscheiben darin goldgelb anrösten, ohne dass sie verbrennen und bitter werden. Aus dem Öl nehmen.

Den Topf vom Herd ziehen und den Stockfisch in das heiße Öl geben. In der Resthitze des heißen Öls gart der Stockfisch genau auf den Punkt.

Die gegarten Kartoffeln abgießen und mit der Sahne zu einem Püree stampfen. Eventuell etwas vom Kochwasser des Bacalao hinzufügen, abschmecken.

DIE BRANDADA FERTIGSTELLEN

Das Püree, den Stockfisch und den Knoblauch in einen Mixer geben. Alles gut mischen, langsam unter Rühren das Olivenöl zugeben, bis eine festere Creme entstanden ist, und abschmecken.

Geröstete Weißbrotscheiben (Baguette) dick damit bestreichen und mit Petersilie, eingelegter Peperoni oder Kaviar dekorieren. Alternativ die Brandada zu Kartoffelscheiben reichen oder in kleinen Tonschälchen unter den Grill stellen und dann servieren.

PIMIENTOS DEL PIQUILLO FARCITS

PIMIENTOS DEL PIQUILLO RELLENOS
GEFÜLLTE PIQUILLO-SCHOTEN

In keiner Tapas-Bar Barcelonas wird man um diese Leckerei herumkommen. Die pimientos del piquillo *sind etwa 7–10 cm lange rote Paprikaschoten in der Form einer Jakobinermütze. Roh sind sie bitter und ungenießbar. Sie werden auf dem offenen Feuer geröstet und von Hand gehäutet und entkernt. Dann haben sie ein mild-rauchiges Aroma und einen angenehm würzigen, süß-sauren Geschmack. Es gibt sie nur im Glas oder in der Dose zu kaufen. Sie lassen sich auf vielfältige Weise füllen, und aus ihnen lassen sich wunderbare Tapas und Vorspeisen herstellen.*

Für 2 Personen | **Zubereitung:** 1 ½ Stunden

ZUTATEN

Für die Pimientos

100 ml Olivenöl plus Olivenöl zum Dünsten und Braten
300 g Stockfisch, entsalzen, ohne Haut und Gräten, in zwei Stücke geschnitten
150 g Sahne
2–3 Knoblauchzehen, geschält
1 getrocknete Chilischote
2 EL glatte Petersilie, fein geschnitten
Salz
frisch gemahlener weißer Pfeffer
8 Pimientos del Piquillo

Für die Sauce

100 ml Olivenöl
2 Knoblauchzehen
2 Pimientos del Piquillo
300 g Sahne

DEN STOCKFISCH GAREN

In einer Pfanne das Olivenöl bei geringer Temperatur erwärmen – die Temperatur sollte nie höher als 90 °C sein – und den Stockfisch in das warme Olivenöl geben. Alternativ die Pfanne vom Herd nehmen und den Stockfisch unter leichtem Schwenken sanft garen. Dabei sondert der Fisch eine milchige Flüssigkeit – Gelatine – ab, die mit dem Öl emulgiert. Nach 10 Minuten den Fisch vorsichtig wenden und nach weiteren 5 Minuten aus dem Öl heben und abkühlen lassen.

Währenddessen in einem Topf für die Sauce die Sahne bei geringer Temperatur erwärmen und vorsichtig reduzieren. In einer weiteren Pfanne in etwas Olivenöl bei sehr geringer Temperatur den Knoblauch mit der Chilischote goldgelb andünsten, um das Öl zu aromatisieren. Knoblauch und Chili herausnehmen, den Knoblauch beiseitelegen.

DIE BRANDADA ZUBEREITEN

Den Stockfisch mit einer Gabel vorsichtig zerteilen, die Haut entfernen und wegwerfen.
In einer Schüssel mit der Petersilie mischen. Jetzt das aromatisierte Öl und die reduzierte Sahne langsam zugießen und alles mit einem Schneebesen zu einer homogenen, nicht zu dünnflüssigen Masse verrühren. Mit Salz und weißem Pfeffer abschmecken. Mit einer Spritztüte oder einem kleinen Löffel die Paprikaschoten zu etwa drei Vierteln mit der Brandada füllen und beiseitelegen.

DIE SAUCE ZUBEREITEN

Für die Sauce in einem Topf Olivenöl bei mittlerer Temperatur erwärmen. Den Knoblauch schälen, in Scheiben schneiden und darin goldgelb werden lassen, dann aus dem Öl nehmen. Die *pimientos del piquillo* in das heiße Öl geben. Die Sahne angießen und 5 Minuten köcheln lassen, mit Salz und Pfeffer abschmecken. Alles mit einem Stabmixer gut zerkleinern und erneut etwas reduzieren. Den Backofen auf 180 °C (Umluft 160 °C) vorheizen.

Die Sauce in eine große Tonschale gießen und die gefüllten *pimientos del piquillo* dekorativ hineinlegen. Das Ganze einige Minuten im heißen Backofen erwärmen und servieren.

ESQUEIXADA

ESQUEIXADA
STOCKFISCH-GEMÜSE-SALAT

Die esqueixada *– »eskeïschade« ausgesprochen – ist so etwas wie Salat. Sie wird mit entsalzenem rohem Stockfisch und verschiedenem Gemüse zubereitet. Schnell gemacht, ist sie vor allem im Sommer erfrischend und gesund. Wie auch viele andere einfache und klassische Gerichte gibt es die* esqueixada *in vielen verschiedenen Variationen – verwenden Sie Gemüse nach Belieben und Saison.*

Für 4 Personen | **Zubereitung:** 15 Minuten | **Zeit zum Durchziehen:** 30 Minuten

ZUTATEN

300 g Tomaten
600 g Stockfisch, entsalzen, ohne Haut und Gräten
1 grüne Paprikaschote
1 rote Paprikaschote
2 Zwiebeln
200 ml Olivenlöl
4 EL Essig
Salz
frisch gemahlener schwarzer Pfeffer
150 g schwarze Oliven

ZUBEREITUNG

Die Tomaten in kleine Stücke schneiden. Den Stockfisch etwas ausdrücken und ebenfalls in mundgerechte Stücke schneiden. Tomaten- und Fischstücke beiseitelegen.

Paprika und Zwiebeln putzen und in kleine Stücke schneiden. In einer Schüssel mit Olivenöl und Essig anmachen, mischen und mit Salz und Pfeffer abschmecken.

Im Kühlschrank 30 Minuten ziehen lassen, dann mithilfe von Servierringen auf Tellern anrichten: Zuerst die Tomaten, dann den Stockfisch und darüber das marinierte Gemüse in die Ringe geben und andrücken. Die Marinade darüberträufeln und alles mit den Oliven dekorieren. Die Ringe abziehen und servieren.

XIPS DE CARXOFES

CHIPS DE ALCACHOFAS
ARTISCHOCKEN-CHIPS

Barcelona ist mit seiner Lage wirklich gesegnet: auf der einen Seite das Meer und im Südwesten der Baix-Llobregat, das fruchtbare Schwemmland des Flusses Llobregat. Hier wird seit jeher hervorragendes Gemüse angebaut. Zu erwähnen sind die habas, *die Dicken Bohnen, und die Artischocken, die hier eine eigene geschützte Herkunftsbezeichnung (DO) haben. In guten Jahren mit milden Wintern bekommt man frische Artischocken schon im Dezember, und das zum Preis von Kartoffeln. Und sie verdienen mehr, als nur in Vinaigrette ertränkt zu werden. Frittierte Artischocken sind viel gesünder als Kartoffel-Chips und so viel schmackhafter – eine leckere Tapa!*

Für 4 Personen | **Zubereitung:** 10 Minuten | **Frittierzeit:** 5 Minuten

ZUTATEN

4–8 kleine Artischocken aus Spanien
Olivenöl cder Sonnenblumenöl zum Frittieren
Salz

ZUBEREITUNG

Die Artischocken putzen, das Heu entfernen und die Herzen längs in 2–3 mm dünne Scheiben schneiden. In einem Topf das Öl erhitzen und die Artischocken rasch hineingeben, damit sie nicht oxidieren, und goldgelb frittieren. Zum Abtropfen auf Küchenpapier legen, etwas salzen und noch heiß servieren.

Ich rate beim Verarbeiten von Artischocke immer dazu, Handschuhe zu tragen. Braune Hände sind nicht besonders nett anzusehen …

CAPDELLS AMB CABRALES AL FORN

COGOLLOS CON CABRALES AL HORNO
SALATHERZEN MIT CABRALES AUS DEM OFEN

Ein sehr kräftiger Käse mit Blauschimmel ist der Cabrales aus dem gleichnamigen Ort. Jung schmeckt er wie ein milder Gorgonzola, später würzig wie ein Roquefort, und vollreif wird er sehr scharf. Cogollos sind Herzen vom Romana-Salat von etwa 10 cm Größe. Auch Chicorée eignet sich hervorragend zur Zubereitung dieses Gerichts.

Für 4 Personen | **Zubereitung:** 15 Minuten | **Zeit zum Gratinieren:** 5 Minuten

ZUTATEN

4 kleine Cogollos (Romana-Salatherzen)
Cabrales nach Belieben (Menge und Reifegrad)

ZUBEREITUNG

Den Backofengrill auf mittlerer Stufe vorheizen.

Die Salatherzen von unschönen äußerern Blättern befreien, waschen und trocknen lassen. Dann halbieren oder vierteln und nach Belieben mit Käse belegen. Unter dem Grill wenige Minuten gratinieren und servieren.

PA ROSTIT AMB PATE DE TOMAQUET

PAN TOSTADO CON PATÉ DE TOMATE
BROT MIT TOMATENPASTETE ÜBERBACKEN

Barcelona ist in jeder Hinsicht eine sehr kreative Stadt. Was Wunder, dass auch der Einfallsreichtum der Cafés und Bars hinsichtlich Tapas unermesslich ist. »Caelum, delicias y otras tentaciones de Monasterio« – der Name dieses Cafés ist Programm: »Caelum, Köstlichkeiten und andere Versuchungen aus dem Kloster«. Hier werden Getränke, Süßigkeiten, Pasteten und mehr aus klösterlicher Herstellung zum Genuss und Verkauf angeboten. Und hierher kommt eine elegante Vorspeise: geröstetes Brot mit Tomatenpaste und mit Brie überbacken.

Für 4 Personen | **Zubereitung:** 15 Minuten

ZUTATEN

4 getrocknete Tomaten in Öl, abgetropft
1 eingelegtes Sardellenfilet
Pilzpulver nach Belieben
100 g schwarze Olivenpaste
1 Baguette, diagonal in 8 Scheiben geschnitten
200 g Brie

ZUBEREITUNG

Zuerst die Tomaten und das Sardellenfilet so fein wie möglich schneiden. In einem Mörser beides zu einer Paste verarbeiten und nach Belieben mit Pilzpulver würzen. Im Mörser mit der Olivenpaste vermengen.

Den Backofengrill auf mittlerer Stufe vorheizen. Auf jede Baguettescheibe eine passende Scheibe Brie legen und großzügig die Tomaten-Oliven-Paste darauf verteilen. Unter dem Backofengrill überbacken, sodass der Käse anfängt zu schmelzen, und sofort servieren.

ANEM DE TAPES …

… sagt hier in Barcelona, wer Freunde treffen, reden, etwas trinken und ein oder zwei Tapas essen möchte. Meist geht man dann aber von einem Lokal ins nächste, und so wird aus einem Wein oder einem Bier und aus ein oder zwei Tapas letztendlich ein komplettes Abendessen – und ein fröhlicher Abend in bester Gesellschaft.

Einige ganz typische Tapas-Bars liegen in einem der schönsten Viertel Barcelonas, im El Born oder La Ribera. Da ist zum Beispiel gegenüber dem Picasso-Museum ein echter Klassiker, das »Xampanyet«, oder das »Sagardí«, wo baskische Tapas auf Weißbrotscheiben serviert werden. Jeder bedient sich selbst und am Ende wird anhand der leeren *palillos*, der Spießchen, abgerechnet.

PAQUETS DE FABES

PAQUETES DE HABAS
PÄCKCHEN VON DICKEN BOHNEN

Barcelona wäre nicht Barcelona, wenn es sich nicht immer wieder neu erfinden würde. Diese zugegeben einfache Variation der habas a la catalana *braucht sich nicht zu verstecken. Sie ist eine fantasievolle Vorspeise oder ein Zwischengericht, jedenfalls immer eine Überraschung.*

Für 4 Personen | **Zubereitung:** 10 Minuten | **Kochzeit:** 40 Minuten

ZUTATEN

350 g kleine Bohnenkerne von Dicken Bohnen
Fleischbrühe
Salz
9 (17) große Scheiben Jamón Canario oder Vorderschinken
6–8 Blätter frische Minze
Olivenöl zum Braten

ZUBEREITUNG

In einem Topf die Bohnenkerne in der Fleischbrühe bei mittlerer Temperatur in 20–30 Minuten gar kochen und gut abtropfen lassen. Eventuell nachsalzen.

Eine Scheibe Schinken in kleine Stücke schneiden, einige Minzblätter grob klein schneiden und beides unter die Bohnen mischen.

Die Mischung auf acht Schinkenscheiben verteilen. Die Scheiben zu kleinen Päckchen falten: die Seiten über den Bohnen einschlagen und die Enden darüberlegen. Ist der Schinken sehr dünn und reißt, das Päckchen mit der Falzseite wieder auf eine Schinkenscheibe legen und den Vorgang wiederholen.

In einer Pfanne bei mittlerer Temperatur Olivenöl erwärmen und die Päckchen darin auf der Falzseite zuerst kross anbraten, wenden und erneut kross anbraten. Die Päckchen mit Minze dekoriert, nach Belieben auf einem Bett aus Bohnen, servieren.

PATATA, TOMAQUET I SEITONS

PATATAS, TOMATE Y BOQUERONES
TÜRMCHEN VON KARTOFFELN MIT SARDELLEN UND TOMATEN

Viele Tapas lassen sich zu leckeren Vorspeisen weiterverarbeiten.
Das gilt auch für die boquerones.
In dieser Variation sind sie einfach ein tolles Sommergericht.

Für 4 Personen | **Zubereitung:** 15 Minuten

ZUTATEN

Babyspinat für die Dekoration
4 mittelgroße Pellkartoffeln, gepellt und jeweils in etwa 1 cm dicke Scheiben geschnitten (die Endstücke werden nicht benötigt)
8 getrocknete Tomaten in Öl, abgetropft
8 ganze *boquerones en vinaigre* (keine gesalzenen Sardellen)
etwas fein gewürfelter iberischer Schinken für die Dekoration
Meersalzflocken
grob gemahlener rosa Pfeffer
Essig
Olivenöl
Salz

ZUBEREITUNG

Vier Teller mit dem jungen Spinat fächerförmig belegen und darauf im Zentrum abwechselnd Kartoffelscheiben, getrocknete Tomaten und *boquerones* schichten. Es sollte am Ende in etwa so aussehen wie auf der Abbildung rechts.

Dieses Türmchen kann, wenn nötig, mit einem Zahnstocher fixiert werden. Obenauf und auf den Spinat Schinkenwürfel, Meersalzflocken und Pfeffer streuen.

Aus Essig, Öl, Pfeffer und Salz eine Vinaigrette herstellen und den Spinat damit beträufeln – eine erfrischende sommerliche Vorspeise.

FLAN DE GAROÏNES

FLAN DE ERIZOS DE MAR
SEEIGELFLAN

Eine Begegnung mit Seeigeln gehört zu den Urlaubserinnerungen, die man normalerweise lieber nicht macht. Aber halt, es geht auch anders! Im Frühjahr werden an der Costa Brava die garoïnades *veranstaltet, die Seeigel-Essen, bei denen jede Familie und jeder Ort die besten Rezepte vorstellt. Seeigel sind echte Delikatessen und haben darum ihren Preis. Es werden nur die Eierstöcke der Seeigel, die Gonaden, und die Flüssigkeit im Seeigel verwendet. Sie schmecken weder nach Fisch, noch nach Muscheln oder Kaviar – sondern einfach unvergleichlich nach Meer …*

Für 4 Personen | **Zubereitung:** 15 Minuten | **Koch- und Backzeit:** 45 Minuten

ZUTATEN

Für den Flan

12 frische Seeigel
500 g Sahne
2 g Safran
2 Eier
3 Eigelb
Salz
frisch gemahlener weißer Pfeffer
Fett für die Formen

Für die Beilage

junger Spinat
Essig nach Belieben
Olivenöl
Salz
frisch gemahlener schwarzer Pfeffer

DIE SEEIGELGONADEN HERAUSLÖSEN

Seeigel mithilfe eines Tuchs in die linke Hand nehmen, die flache Unterseite zeigt dabei nach oben. Mit der Schere um den Mund herum ein rundes Stück herausschneiden, dieses Stück mit den anhängenden Innereien herausziehen und wegwerfen. Die Flüssigkeit im Innern des Seeigels durch ein Sieb gießen und auffangen. Innen sind fünf blass-orangerote Zungen, die Gonaden, zu sehen. Diese mit einem kleinen Löffel vorsichtig herauslösen und beiseitelegen.

DEN FLAN ZUBEREITEN

Den Backofen auf 200 °C (Umluft 180 °C) vorheizen. In einem Topf die Sahne mit dem Safran zum Kochen bringen. In einer Schüssel Eier und Eigelb samt den Seeigelgonaden mit dem Pürierstab mischen, dann die noch warme Safran-Sahne unterrühren. Mit Salz und Pfeffer abschmecken. Die Masse auf vier gefettete Soufflé-Formen verteilen und 40 Minuten im Backofen stocken lassen. Die Garzeit hängt von Größe und Beschaffenheit der Formen ab – mit einem Messer immer wieder überprüfen. Abkühlen lassen und mit einem Salat aus Spinatblättern, mit einer einfachen Vinaigrette aus Essig, Olivenöl, Salz und Pfeffer beträufelt, servieren.

BROMERA DE GAROÏNES

ESPUMA DE ERIZOS DE MAR
SEEIGELSCHAUM

Eine edlere Tapa als Seeigelschaum gibt es kaum. Er wird am besten in den Seeigelschalen auf einem Salzbett serviert. Vergrößern Sie die Öffnung der Seeigel vor dem Servieren vorsichtig kreisrund mit einer scharfen Küchenschere.

Für 4 Personen | **Zubereitung:** 20 Minuten

ZUTATEN

16 frische Seeigel
2 Eigelb
4 EL rosa Cava oder Rosé-Sekt
4 EL Sahne
Salz

ZUBEREITUNG

Die Seeigelgonaden wie auf Seite 58 beschrieben herauslösen.

Eigelb und Cava im Wasserbad schaumig schlagen, bis die Creme die Konsistenz eines Sabayons hat. Die Seeigelgonaden mit der Sahne im Mixer ebenfalls schaumig schlagen. In einem Topf bei geringer Temperatur erwärmen und unter den »Sabayon« mischen. Das Ganze in die gereinigten Schalen von vier größeren Seeigeln gießen und auf einem Salzbett mit einem Kaffeelöffel servieren.

CREMA DE GAROÏNAS

CREMA DE ERIZOS DE MAR
SEEIGELCREMESUPPE

Die Zubereitungsmöglichkeiten von Seeigeln sind ungeahnt vielfältig – probieren Sie diese Suppe oder nutzen Sie dieses Rezept als extravagante Sauce zu Fisch.

Für 4 Personen | **Zubereitung:** 20 Minuten | **Kochzeit:** 15 Minuten

ZUTATEN

8 frische Seeigel
10 g Butter
1 Schalotte, fein gewürfelt
150 ml trockener Weißwein
650 ml Fischfond
(siehe Grundrezept Seite 261)
2 EL Crème fraîche
2 Eigelb
Salz
frisch gemahlener weißer Pfeffer

ZUBEREITUNG

Die Seeigelgonaden wie auf Seite 58 beschrieben herauslösen.

In einer Kasserolle die Butter bei mittlerer Temperatur zerlassen, die Schalottenwürfel darin andünsten. Den Wein angießen und um die Hälfte einkochen. Den Fischfond und die Seeigelflüssigkeit angießen und wieder etwas einkochen. Die Crème fraîche mit den Eigelben glattrühren und langsam in die Flüssigkeit in der Kasserolle einrühren. Die Creme darf auf keinen Fall mehr kochen, damit das Eigelb nicht gerinnt. Die so gebundene Suppe durch ein Sieb passieren und zum Schluss mit dem Stabmixer aufschlagen. Abschmecken und erst kurz vor dem Servieren die Seeigelgonaden einrühren.

Wer weniger Fischfond verwendet, etwa 250 ml, und das Ganze etwas länger einkochen lässt, erhält eine feincremige Sauce mit ausgeprägtem Seeigelaroma. Sie passt besonders gut zu pochierten oder gedämpften Seezungen, auch zu Steinbutt. In diesem Fall genügen vier Seeigel.

CREMA DE CARXOFES

CREMA DE ALCACHOFAS
ARTISCHOCKENCREMESUPPE

Artischocken sind ein herrliches Gemüse – wem es um die abgeschnittenen Blätter leidtut, dem sei hier auf das Angenehmste geholfen.

Für 4 Personen | **Zubereitung:** 25 Minuten | **Kochzeit:** 55 Minuten

ZUTATEN

4 Artischocken
Saft von ½ Zitrone
½ Knoblauchzehe
Salz
2 EL Olivenöl
2 Zwiebeln
25 g Butter
400 ml Hühnerbrühe oder Gemüsebrühe
1 Prise Cayennepfeffer
20 g Mehl
250 g Sahne
2 EL glatte Petersilie

DIE ARTISCHOCKEN ZUBEREITEN

Die Stiele der Artischocken abschneiden, schälen und in eine Schüssel mit Wasser und der Hälfte des Zitronensafts geben. Die Artischocken von den Blättern befreien und zu Herzen schälen, auch die inneren Blätter unmittelbar über den Artischockenböden abschneiden. Die Blätter sofort in die Schüssel mit Zitronenwasser geben, damit sie nicht oxidieren. Das Heu von den Böden entfernen.

Den Knoblauch schälen und zerdrücken. In einem großen Topf 1 l Wasser mit der anderen Hälfte des Zitronensafts, Knoblauch, 1 Msp. Salz und dem Olivenöl zum Kochen bringen. Die Artischockenherzen und -stiele hineingeben und etwa 25 Minuten köcheln. Wenn sie sich mit einer Gabel leicht einstechen lassen, aber noch nicht zerfallen, aus dem Topf nehmen und beiseitestellen. Dann die Blätter im Wasser aufkochen und ebenfalls 25 Minuten bei geringer Temperatur garen. Die Blätter aus dem Sud nehmen, in einem Mixer zu einer feinen Paste zerkleinern und durch ein Sieb passieren. Den Kochsud ebenfalls abseihen und 350 ml davon aufbewahren. Die Herzen in Scheiben, die Stiele in Würfel schneiden und beiseitestellen.

DIE ARTISCHOCKENCREMESUPPE FERTIGSTELLEN

Die Zwiebeln schälen und hacken. In einem Topf die Butter bei mittlerer Temperatur zerlassen und die Zwiebeln darin andünsten. Brühe, Artischockenpaste und den Kochsud angießen, mit Salz und Cayennepfeffer würzen. Das Mehl mit etwas Sahne verrühren und die Suppe damit binden. Die restliche Sahne einrühren und alles noch einmal aufkochen. Kurz vor dem Siedepunkt die Artischockenscheiben und -würfel zugeben. Mit Petersilie bestreut servieren.

CREMA DE CARXOFES I CURRI

CREMA DE ALCACHOFAS Y CURRY
ARTISCHOCKENCREME MIT CURRY

Artischocken sind ein unglaublich vielseitiges Gemüse und sie vertragen sich mit vielen Zutaten und Gewürzen, in diesem Fall mit Curry.

Für 4 Personen | **Zubereitung:** 20 Minuten | **Kochzeit:** 1 Stunde 10 Minuten

ZUTATEN

4 Artischocken
Saft von 1 Zitrone
Salz
1 Zwiebel
200 g Karotten
400 g Kartoffeln
2 EL Olivenöl
2 EL Currypulver plus etwas Pulver zum Dekorieren
500 ml Gemüsebrühe
400 ml Artischockensud
250 g Sahne
frisch gemahlener schwarzer Pfeffer
krause Petersilie, gehackt, zum Dekorieren

DIE ARTISCHOCKEN VORBEREITEN UND KOCHEN

Die Stiele der Artischocken abschneiden, schälen und in eine Schüssel mit Wasser und der Hälfte des Zitronensafts geben. Die Artischocken von den Blättern befreien und zu Herzen schälen, auch die inneren Blätter unmittelbar über den Artischockenböden abschneiden. Die Blätter sofort in die Schüssel mit Zitronenwasser geben, damit sie nicht oxidieren. Das Heu von den Böden entfernen.

Die Artischockenherzen und -stiele in Salzwasser 10–12 Minuten kochen, herausheben und abschrecken. Die Blätter im Kochwasser in 25 Minuten weich kochen. Die Blätter in einem Mixer pürieren und durch ein Sieb passieren. Vom Sud 400 ml abnehmen, abseihen und beiseitestellen.

DIE ARTISCHOCKENCREME FERTIGSTELLEN

Die Zwiebel schälen und fein hacken, Karotten und Kartoffeln schälen und würfeln. In einem Topf das Olivenöl bei mittlerer Temperatur erwärmen, Zwiebel und Karotten darin anbraten. Das Currypulver einrühren und die Kartoffeln dazugeben. Die Gemüsebrühe, das Artischockenpüree und den Artischockensud dazugeben und alles bei reduzierter Temperatur etwa 20 Minuten garen. Die Artischockenstiele hinzugeben und die Suppe pürieren, dann die Sahne einrühren. Die Artischockenherzen längs in Scheiben schneiden und in der Suppe erwärmen, mit Salz und etwas Pfeffer abschmecken und mit Petersilie und Currypulver bestreut servieren.

TAPAS-BARS

Tapas, die »Deckelchen« aus Wurst, Schinken oder Brot, mit denen die Weingläser früher gegen die lästigen Fliegen geschützt wurden, haben im Laufe der Zeit ein fantastisches Eigenleben entwickelt – eine Erfolgsstory ohne Ende. Es sind ganz neue Lokale entstanden, die sich ganz auf *Tapas* spezialisiert haben, denn *Tapas* gehen immer, im Sitzen, im Stehen und im Gehen – vor allem im Stehen. Und wenn man einmal anfängt vor dem eigentlichen Essen diese Häppchen als Aperitif zu sich zu nehmen, ist das Menü oft schnell vergessen – Tapas-Bars sind Horte der Freude und der guten Laune – und die gibt man so schnell nicht auf.

TAPAS
€1
Bastaix
BAR DE VINS, TAPES I COPES
TARTAR DEL DIA
VINS
TAPAS
Peix de mercat

CREMA DE MONGETES

CREMA DE ALUBIAS
CREME VON WEISSEN BOHNEN

Hülsenfrüchte spielen schon seit jeher eine wichtige Rolle in der Küche Spaniens und haben diese Rolle zum Glück nie verloren. In diesem Rezept werden Bohnen aus dem Glas verwendet. Greifen Sie zu getrockneten Bohnen, müssen Sie diese zuvor einen Tag lang einweichen. Ich verwende eine kräftige Hühnerbrühe, aber natürlich können Sie das schmackhafte Gericht auch vegetarisch zubereiten. Diese Creme kann als Vorspeise oder als Hauptgericht gereicht werden.

Für 8 Personen | **Zubereitung:** 10 Minuten | **Kochzeit:** 25–30 Minuten

ZUTATEN

1 Glas weiße Bohnen (720 g)
100 ml kräftige Hühnerbrühe (alternativ Gemüsebrühe)
100 ml trockener Weißwein
1 kleiner Zweig Thymian
1–2 EL Walnussöl
4 kleine Scheiben Serrano-Schinken, im Backofen getrocknet

ZUBEREITUNG

Die Bohnen mit ihrer Flüssigkeit in eine kleine Kasserolle geben. Etwas von der Hühnerbrühe und dem Weißwein sowie den Thymianzweig dazugeben. Bei hoher Temperatur 15 Minuten kochen, es sollte aber nichts anbrennen. Die Bohnen mit einem Kartoffelstampfer zerdrücken.

Den Topfinhalt in ein Sieb geben, den Thymian entfernen und die Bohnen durch das Sieb drücken. Zurück bleiben ihre Schalen, sie werden weggeworfen. Das so erhaltene Püree jetzt mit mehr Brühe und Wein abschmecken, es sollte aber nicht zu flüssig werden. Das Walnussöl dazugeben, bis eine cremige Konsistenz erreicht ist. Bei geringer Temperatur erwärmen. Mit einem Stückchen vom getrockneten Schinken garniert reichen.

Etwas flüssiger zubereitet – als leichte Variante mit mehr Brühe oder Wein, als sättigende Variante mit mehr Öl – wird daraus eine gehaltvolle Suppe.

TIPP

Die Suppe ist in derselben Menge eine leichte Hauptspeise für 4 Personen.

SOPA FREDDA AMB ALFABERGA

SOPA FRÍA CON ALBAHACA
KALTE KRÄUTERSUPPE

Gazpacho aus Andalusien und Salmorejo oder die Variante ohne Gurke aus Córdoba – sie sind hinlänglich bekannt. Diese erfrischende vegetarische Suppe wurde mir einmal nach einem Rezept von Carme Ruscalleda, einer der bekanntesten Küchenchefinnen Barcelonas, serviert.

Für 4–6 Personen | **Zubereitung:** 25 Minuten | **Kochzeit:** 30 Minuten | **Zeit zum Abkühlen**

ZUTATEN

Für die Gemüsebrühe

150 g Karotten
150 g Porree
150 g Zwiebeln
Olivenöl zum Anbraten
einige Stängel Petersilie, fein gehackt
1 Knoblauchzehe, geschält
Salz

Für die Einlage

100 g Pinienkerne
220 ml Olivenöl
¼ Knoblauchzehe
40 g glatte Petersilie, die Blätter abgezupft und gehackt
40 g Basilikumblätter, gehackt
10 g Salz
frisch gemahlener weißer Pfeffer

DIE GEMÜSEBRÜHE ZUBEREITEN

Die Gemüse putzen, schälen und klein schneiden. In einem großen Topf das Olivenöl bei hoher Temperatur erwärmen und Gemüse, Kräuter und Knoblauchzehe 3 Minuten kräftig anbraten. Knapp 2 l kochendes Wasser angießen und alles etwa 30 Minuten köcheln, mit etwas Salz würzen und durch ein Sieb gießen. Abkühlen lassen und kalt stellen.

DIE EINLAGE HERSTELLEN

In einem Mixer die Pinienkerne fein mahlen, dann das Olivenöl unter Rühren nach und nach dazuträufeln. Knoblauch und Kräuter sowie etwas von der Brühe dazugeben und verrühren. Die restliche Brühe angießen und alles mit Salz und Pfeffer würzen. Nochmals gut durchmixen. Kalt, aber nicht eiskalt, servieren.

Diese kalte Suppe schmeckt an heißen Sommertagen als Tapa. Die fein gemahlenen Pinienkerne sorgen mit dem Öl für eine cremige, leicht sahnige Konsistenz.

PATATAS AL POBRE

PATATAS AL POBRE
ARME-LEUTE-KARTOFFELN

Die »Arme-Leute-Kartoffeln« sind eine schmackhafte und reichhaltige Beilage zu den verschiedensten Fisch- und Fleischgerichten. Oder schmecken auch einfach mal nur so …

Für 4 Personen | **Bratzeit:** 25 Minuten

ZUTATEN

200 g Zwiebeln
400 g fest kochende Kartoffeln
Olivenöl zum Braten
Salz
1 rote Paprika
1 grüne Paprika
Knoblauchzehe(n), fein gehackt, nach Belieben
2 EL Essig

ZUBEREITUNG

Die Zwiebeln schälen und in grobe Stücke schneiden, die Kartoffeln gut waschen und in Scheiben schneiden.

In einer Kasserolle das Olivenöl bei mittlerer Temperatur erwärmen und die Zwiebelstücke darin glasig werden lassen. Die Kartoffeln dazugeben, salzen und etwa 12–15 Minuten garen. Dann die Paprika in Streifen schneiden und – nach Belieben mit dem Knoblauch – dazugeben und weitere 5–10 Minuten mitgaren. Immer wieder vorsichtig schwenken, damit nichts anbrennt. Ganz zum Schluss den Essig dazugeben, nochmals mit etwas Salz abschmecken und fertig sind die *patatas al pobre*.

COCA

COCA
PIKANTER BLECHKUCHEN

Coca ist in diesem Fall ein in ganz Katalonien beliebter Blechkuchen, der eigentlich von den Balearen kommt und eine Ähnlichkeit mit Pizza hat. Die Grundlage der coca *ist immer ein Hefeteig. Er kann dann mit Gemüse, Fisch oder Fleisch belegt werden. Es gibt unzählige Varianten: eckig, rund, lange Zungen, mit dickem, saftigem oder dünnem, knusprigem Teigboden, herzhaft oder süß. Häufig wird eine* coca *einfach mit Zutaten vom Vortag belegt, aber etwas taucht NIEMALS auf einer* coca *auf: Käse.*

Für 4 Personen | **Zubereitung:** 10 Minuten | **Zeit zum Ziehen:** 2 Stunden | **Gehzeit:** 50 Minuten | **Backzeit:** 25 Minuten

ZUTATEN

Für den Belag

frische oder getrocknete mediterrane Kräuter (Rosmarin, Lorbeer und vor allem Thymian)
1 Knoblauchzehe, in Scheiben geschnitten
100 ml Olivenöl
rote Paprika (*pimiento del piquillo* oder andere, selbst abgezogen oder aus dem Glas), Menge nach Belieben, in Streifen geschnitten

Für den Teig

20 g frische Hefe
1 Prise Zucker
500 g Mehl
1 TL Salz
2 EL Olivenöl
2 EL Weißwein
Fett und Mehl für Arbeitsfläche und Backblech

DAS KRÄUTERÖL ZUBEREITEN

Kräuter und Knoblauch in Olivenöl einlegen und 1–2 Stunden ziehen lassen. Nach Belieben den Knoblauch entfernen oder nicht.

DEN HEFETEIG ANSETZEN

In einer kleinen Schüssel die Hefe mit dem Zucker in 250 ml Wasser auflösen. Das Mehl mit dem Salz in eine große Schüssel geben und in die Mitte eine Mulde drücken. Die aufgelöste Hefe hineingeben, mit wenig Mehl zu einem Vorteig verrühren und 10 Minuten bei Zimmertemperatur gehen lassen. Olivenöl und Weißwein zugeben und alle Zutaten zu einem glatten Teig verkneten. An einem warmen Ort gehen lassen, bis sich sein Volumen verdoppelt hat. Das dauert etwa 30 Minuten.

DIE COCA BACKEN

Den Backofen auf 200 °C (180 °C Umluft) vorheizen. Danach den Teig nochmals durchkneten und auf einer mit Mehl bestäubten Arbeitsfläche dünn ausrollen. Auf ein Backblech heben und die Oberfläche mit einer Gabel gleichmäßig in kurzen Abständen einstechen. Nochmals 10 Minuten gehen lassen.

Den Boden reichlich mit dem Kräuteröl samt den Kräutern bestreichen. Die Paprika gleichmäßig auf dem Boden verteilen und die *coca* dann 20–25 Minuten backen.

Alternativ schmeckt ein Belag aus blanchiertem Spinat, Pinienkernen und Rosinen, Salz und Pfeffer oder Paprika, Zwiebeln, Wurst und Sardinen oder Thunfisch, Räuchermakrele … der Fantasie sind hier keinen Grenzen gesetzt.

OUS FREGITS AMB SAMFAINA

HUEVOS FRITOS CON SAMFAINA
GEBRATENE EIER IN SAMFAINA

Dieses Gericht ist einfach – und einfach zu gut, vor allem nach einer langen Nacht. Man kennt es aus schlichten Restaurants als Vorspeise, ich selbst serviere es gerne beim Brunch in zwei verschiedenen Variationen.

Für 4 Personen | **Zubereitung:** 10 Minuten

ZUTATEN

Samfaina (siehe Seite 263)
Olivenöl
4 Eier
Salz
frisch gemahlener schwarzer Pfeffer
Brot

VERSION 1

Die Samfaina nach Rezept am Vortag zubereiten, in einem Topf wieder erwärmen.

Pro Person in einer Pfanne mit Olivenöl 1 Ei braten, dabei immer gut mit dem heißen Öl benetzen, damit das Eiweiß stockt und das Eigelb noch flüssig bleibt.

Das Ei aus dem Öl heben, abtropfen lassen, salzen und pfeffern und mit der Samfaina auf einem Teller anrichten. Dazu Brot reichen.

DIE NOCH BESSERE VERSION 2!

Die nicht zu dickflüssige Samfaina – bei Bedarf mit einem Schuss Weißwein etwas verdünnen – in einer Ton-Kasserolle bei mittlerer Temperatur erwärmen. Dann pro Person 1 sehr frisches Ei in die kochende Samfaina gleiten lassen und darin pochieren. Wenn das Eiweiß fest, aber das Eigelb noch flüssig ist, mit einer Scheibe geröstetem Brot zum Frühstück servieren.

TRUITA DE PATATES

TORTILLA DE PATATAS
KARTOFFELOMELETT

Die Tortilla ist wohl einer der Klassiker der spanischen Küche, der auch in Barcelona nicht fehlt. Sie kommt mit wenigen Zutaten aus, ist einfach zuzubereiten und schmeckt trotzdem immer lecker.

Für 4 Personen | **Zubereitung:** 10 Minuten | **Ruhezeit:** 1 Stunde | **Garzeit:** 40 Minuten

ZUTATEN

800 g Kartoffeln
2–3 mittelgroße Zwiebeln
6 EL Olivenöl
Salz
frisch gemahlener schwarzer Pfeffer
6 Eier

ZUBEREITUNG

Die Kartoffeln und die Zwiebeln schälen. Die Kartoffeln in Würfel oder dünne Scheiben, die Zwiebeln in feine Würfel schneiden.

In einer Pfanne 4 EL Olivenöl bei mittlerer Temperatur erwärmen. Kartoffeln und Zwiebeln darin etwa 20–25 Minuten garen, sie sollen aber nicht angebraten werden.

Mit Salz und Pfeffer abschmecken und die Kartoffeln in eine Schüssel geben. Die Eier verquirlen und zu den Kartoffeln geben, etwa 1 Stunde ruhen lassen.

In der Pfanne das restliche Olivenöl erhitzen und die Kartoffelmischung darin bei mittlerer Temperatur 5–8 Minuten stocken lassen. Die Tortilla wenden und fertig garen. Die Tortilla schmeckt kalt oder warm. Zum Servieren in Tortenstücke oder Tapas-Würfel schneiden.

TRUITA D'ESPÀRRECS

TORTILLA DE ESPARRAGOS
OMELETT MIT WILDEM SPARGEL

Wenn Mitte bis Ende Januar die Tage wieder merklich länger werden und es reichlich geregnet hat, bringen die Menschen von ihren Spaziergängen häufig große Bündel von wildem Spargel mit, der hier überall wächst. Er ist noch sehr viel aromatischer und würziger als der grüne Zuchtspargel, den man üblicherweise kaufen kann. Er schmeckt in einer Tortilla einfach wunderbar. Den wilden Spargel bekommt man Deutschland leider selten, aber der normale grüne Spargel tut es auch.

Für 4 Personen | **Zubereitung:** 15 Minuten | **Bratzeit:** 10 Minuten

ZUTATEN

1 Bund wilder Spargel (alternativ dünner grüner Spargel)
1 Zwiebel
1 kleine Knoblauchzehe
6 Eier
Olivenöl
Salz

ZUBEREITUNG

Den Spargel waschen, die harten Enden abschneiden und die Spargelstangen schräg in Segmente schneiden. Die Zwiebel und den Knoblauch schälen und fein hacken.

Die Eier verquirlen. In einer Pfanne das Olivenöl bei hoher Temperatur erwärmen und Spargel, Zwiebel und Knoblauch darin etwa 5 Minuten anbraten. Mit Salz abschmecken und auf Küchenpapier abtropfen lassen.

Das angebratene Gemüse in eine Schüssel geben und mit den Eiern mischen. Die Mischung in der Pfanne mit wenig Öl bei geringer Temperatur stocken lassen, dann wenden und auch auf der anderen Seite braten. Die *truita d'esparrecs* schmeckt kalt und warm zu jeder Tageszeit.

els millors
espàrrecs
d'en Roca

TRUITA CATALANA AL ESTIL DE LA YAYA

TORTILLA A LA CATALANA DE LA ABUELA
TORTILLA NACH GROSSMUTTERS ART

Eine weitere Version der Tortilla ist die truita catalana *nach Großmutters Art. Sie ist noch um einiges reichhaltiger, und man bekommt sie relativ selten serviert, da sie etwas mehr Arbeit macht. Die aber lohnt sich!*

Für 4 Personen | **Zubereitung:** 10 Minuten | **Bratzeit:** 25 Minuten

ZUTATEN

1 Glas weiße Bohnen (mongetes/alubias, 500 g)
1 Stück Dörrfleisch oder Räucherspeck (etwa 12 cm × 1,5 cm)
1 Stück rohe Bratwurst, (möglichst Butifarra, 10 cm lang)
5 sehr frische Eier
Salz
2 EL Olivenöl plus Olivenöl zum Beträufeln
nach Belieben Tomaten als Beilage

ZUBEREITUNG

Die Bohnen durch ein Sieb abgießen. Das Dörrfleisch in kleine Stücke, die Butifarra in 5–7 Stücke schneiden. In einer Pfanne die abgetropften Bohnen mit dem Dörrfleisch und der Wurst bei hoher Temperatur kurz anschwenken. Die Eier in einer Schüssel verquirlen und dazu die Bohnen-Fleisch-Mischung geben, etwas salzen und vorsichtig vermengen. In der Pfanne das Olivenöl erhitzen, die Mischung zugeben und unter Rühren mit einem Holzlöffel stocken lassen. Ist die Tortilla auf einer Seite goldgelb, mithilfe eines Tellers wenden und fertig garen.

Lauwarm und mit in Scheiben oder Viertel geschnittenen Tomaten und etwas Olivenöl bester Qualität, möglichst von Oliven der Sorte Arbequina, servieren.

XATÓ

XATÓ
ENDIVIEN-FISCH-SALAT

Wurde früher der neue Wein geerntet, tauchte auf den Speisekarten oft ein Gericht namens xató *auf – heute wird es das ganze Jahr über gereicht. Es kommt eigentlich aus Sitges, Vilanova und Vilafranca, den südwestlichen Nachbarstädten Barcelonas. Der delikate und sehr reichhaltige Salat ist in den späten Sommermonaten sehr erfrischend. Ein französischer Künstler soll Ende des 19. Jahrhunderts angesichts des gehäuften Salats ausgerufen haben: »Mais c'est un Château!« – daher der Name. Heute werden in der Gegend südwestlich von Barcelona die sogenannten xatónades, bei denen das beste Rezept gekürt wird, veranstaltet.*

Für 4 Personen | **Zubereitung:** 10 Minuten

ZUTATEN

1 großer Kopf krauser Endiviensalat
16 Sardellenfilets
400 g ungesalzener Stockfisch, in mundgerechte Stücke geschnitten
1 Dose Thunfisch (180 g)
200 g Oliven, abgetropft (möglichst Arbequina-Oliven)
200 ml Romesco-Sauce (mild-scharfe Sauce aus Tarragona; Grundrezept siehe Seite 261)

ZUBEREITUNG

Den Endiviensalat auf vier Teller verteilen. Darauf je 4 Sardellenfilets, Stockfisch, Thunfisch und Oliven türmen und anschließend mit Romesco beträufelt servieren.

AMANIDA DE TOMÀQUET I ESPÀRRECS

ENSALADA TIBIA DE TOMATE Y ESPARRAGOS
WARMER TOMATEN-SPARGEL-SALAT

Aus dem Baix Llobregat kommen unter anderem Tomaten, Petersilie und viel grüner Spargel. Kein Wunder also, dass es auch hierzu ein Rezept gibt. Eine vitaminreiche Beilage zu vielen sommerlichen Gerichten.

Für 4 Personen | **Zubereitung:** 20 Minuten

ZUTATEN

1 Bund grüner Spargel
Salz
6 mittelgroße reife Tomaten
Essig
Olivenöl
1 Prise Zucker
1 kleines Bund glatte Petersilie

ZUBEREITUNG

Vom Spargel die trockenen Enden abschneiden und die Stangen in Stücke von etwa 4 cm Länge schneiden. In kochendem Salzwasser bissfest garen.

In der Zwischenzeit die Tomaten in mundgerechte Stücke schneiden und mit einer Vinaigrette aus Essig, Olivenöl, Salz und Zucker anmachen.

Die Petersilienblätter von den Stielen zupfen, grob zerkleinern und unter die angemachten Tomaten mischen.

Den Spargel abgießen, etwas abtropfen lassen und sofort unter die Tomaten heben, nochmals abschmecken und warm servieren.

CARGOLS A LA LLAUNA

CARACOLES A LA LLAUNA
SCHNECKEN AUS DEM OFEN

Schnecken waren und sind in den Gärten der Bauern eine echte Plage. Also muss man gegen sie vorgehen. Was fällt einem echten Katalanen dazu ein? Sie zu essen! Es handelt sich um Bänderschnecken, sie sind etwas kleiner als die teureren und etwas aromatischeren Weinbergschnecken.

Für 4 Personen | **Zubereitung:** 20 Minuten | **Backzeit:** 20–25 Minuten

ZUTATEN

800 g Bänderschnecken (sie sollten möglichst 1 Woche nichts mehr gefressen haben)
grobes Meersalz
Salz
3 Knoblauchzehen
Olivenöl
1 Bund krause Petersilie, sehr fein gehackt
frisch gemahlener schwarzer Pfeffer
½ grüne Paprika
Weinessig
Romesco-Sauce zum Beträufeln
All i Oli zum Dippen (siehe Seite 260)

ZUBEREITUNG

Den Backofen auf 200 °C (180 °C Umluft) vorheizen. Die Schnecken mit kaltem Wasser gründlich waschen. Ein Backblech mit einer etwa 3 mm dicken Schicht grobem Salz bedecken. Darauf die gereinigten Schnecken mit der Schneckenhausöffnung nach oben verteilen und mit etwas feinem Salz bestreuen. Im Backofen auf der mittleren Schiene 5 Minuten garen. Die Temperatur auf 180 °C (Umluft 160 °C) herunterschalten. Den Knoblauch schälen und 2 Zehen im Mörser mit etwas Olivenöl zerreiben und mit zwei Dritteln der Petersilie vermischen. Diese Mischung über die Schnecken träufeln und das Blech erneut in den Backofen geben. Nach weiteren 5 Minuten mit Pfeffer bestreuen und mit Olivenöl beträufeln. Wieder in den Ofen geben, bis die Oberseite des Fleisches goldbraun ist.

In der Zwischenzeit die Paprika und 1 Knoblauchzehe sehr fein schneiden und mit etwas von der Petersilie, Olivenöl und Weinessig zu einer Vinaigrette verrühren.

Die fertigen Schnecken werden mit der Vinaigrette, Romesco-Sauce und All i Oli auf dem Backblech oder auf einer Keramikplatte mit geröstetem Weißbrot serviert.

In einer weiteren Version werden die Schnecken noch mit etwa 500 g sehr fein geschnittenen Tomaten und etwas Thymian bedeckt, bevor sie das letzte Mal in den Ofen kommen.

In vielen Hinterhöfen der Altstadt findet man verborgene und ruhige Winkel, die zu einer *caña* oder einer *copa* und Tapas einladen.

Die Landschaft um El Prat de Llobregat versorgt Barcelona das ganze Jahr über mit frischem Gemüse – von den calçots, den Lauchzwiebeln, ganz zu Anfang des Jahres, über Artischocken, Dicke Bohnen, Spargel, Salate, dann natürlich Kartoffeln und Auberginen, Tomaten und Paprika und diverse Hülsenfrüchte bis hin zu verschiedenen Kohlsorten im Winter. Für Vegetarier ist das hier ein Paradies!

Fisch und Meeresfrüchte spielen in Barcelona eine große Rolle. Die Fischabteilung der *boquería* ist nach wie vor eine Touristenattraktion. Die Auswahl ist riesig und die Preisspanne zwischen den angebotenen Fischen auch. Zuchtfische, wie Doraden oder Wolfsbarsche, sind für wenig Geld zu haben. Für *peix de la platja*, fangfrischen Fisch, zahlt man mindestens das Dreifache. Die bessere Qualität rechtfertigt den Preis, der Geschmack auch. Neben den gängigen Fischarten gibt es hier auch seltenere Fische, wie Drachenkopf oder Petermännchen, bei denen die mit Giftstacheln besetzten Flossen vor dem Verkauf entfernt werden.

Geflügel hat schon immer eine wichtige Rolle in der Küche Barcelonas gespielt. Traditionell wird viel Ente zubereitet, und südöstlich von Barcelona, im Garraf, gibt es sogar eine Hühnerrasse mit DO, die *pollastre de pota blava,* sowie ganz in der Nähe davon die *pollastre del Penedès*. Sicher, der Preis für ein solches Hähnchen übersteigt den eines Hähnchens vom Grillstand um ein Mehrfaches, dafür wird von einem (!) Hähnchen eine ganze Familie satt. Neben Hähnchen, Ente, Perlhuhn und Rotfußhuhn spielen Wachteln in der Küche in und um Barcelona auch heute noch eine wichtige Rolle.

HAUPTGERICHTE

CALÇOTS

CALÇOTS
GEGRILLTE LAUCHZWIEBELN

Calçots *kommen ursprünglich aus der Gegend um Valls, etwa 60 Kilometer südwestlich von Barcelona. Inzwischen werden sie überall um Barcelona und Tarragona angebaut und genossen. Diese Zwiebeln werden etwa ein Jahr lang kultiviert und bilden, dicht an dicht gepflanzt, keine Fruchtkörper, sondern vor allem Lauch aus. Sie werden von Dezember bis ins späte Frühjahr angeboten. Einmal im Frühjahr muss ich unbedingt* calçots *essen. Ich genieße sie mit Freunden im Freien, bevor man sie in den Restaurants zu gegrilltem Fleisch und Gemüse serviert bekommt.*

Zubereitung: 30 Minuten | **Ruhezeit:** 10 Minuten

ZUTATEN

pro Person mindestens 10 Calçots
reichlich Romesco-Sauce (siehe Seite 261)
Koteletts, Lammfleisch, Blutwurst, Butifarra
weiße Bohnen, Artischocken
Brotscheiben

LAUCHZWIEBELN UND BEILAGEN GRILLEN

Die Lauchzwiebeln auf einem Grill über offenem Feuer, am besten über altem Rebholzschnitt, so lange grillen, bis die äußere Haut schwarz geworden ist. In Zeitungspapier einwickeln und 5–10 Minuten ruhen lassen.

Auf der verbliebenen Glut das Fleisch für das Hauptgericht grillen und Brot rösten. Die Schlachtplatte besteht meistens aus Blutwurst, Koteletts und Lammfleisch, dazu gibt es weiße Bohnen und Artischocken.

LAUCHZWIEBELN GENIESSEN

Die gegrillten Lauchzwiebeln werden in Spanien auf einer Dachpfanne serviert. Zum Essen die Lauchzwiebeln vorsichtig oben halten und die schwarzgebrannten Blätter nach unten abstreifen. Den zarten weißen Teil der Zwiebel in Romesco-Sauce tunken und aus der Hand essen. Ein Kleckern bleibt dabei nicht aus – um nicht zu sagen, es kann in eine echte Schweinerei ausarten. In Restaurants werden üblicherweise zum Calçot-Essen Schürzen gereicht.

CARXOFES I PATATES EN VI BLANC

ALCACHOFAS I PATATAS AL VINO BIANCO
ARTISCHOCKEN UND KARTOFFELN IN WEISSWEIN

Artischocken sind Alleskönner: Sie schmecken als Beilage oder als Hauptgericht hervorragend. Dieser Eintopf aus Artischocken mit Kartoffeln mundet nicht nur Vegetariern.

Für 4 Personen | **Zubereitung:** 20 Minuten | **Kochzeit:** 45 Minuten

ZUTATEN

1 Flasche trockener, fruchtiger Chardonnay
12 spanische Artischocken
12 mittelgroße Kartoffeln
50 ml Olivenöl
1 Lorbeerblatt
1 EL getrockneter Thymian
Salz
frisch gemahlener schwarzer Pfeffer

DIE ARTISCHOCKEN VORBEREITEN

Den Wein in eine Schüssel gießen. Die Stiele der Artischocken abschneiden, schälen und gleich in die Schüssel mit dem Wein geben. Die Artischocken von den Blättern befreien, das Heu mit einem scharfkantigen Löffel von den Böden entfernen und die Böden ebenfalls in den Wein legen, um die Oxidation zu verhindern.

DIE KARTOFFELN UND ARTISCHOCKEN KOCHEN

Die Kartoffeln schälen und achteln. In einer großen Kasserolle die Kartoffeln im Olivenöl bei mittlerer Temperatur mit Lorbeerblatt, Thymian, Salz und Pfeffer anbraten. Mit dem Wein aus der Schüssel auffüllen und die Artischockenböden und ihre Stiele zugeben. Im halb abgedeckten Topf etwa 20 Minuten köcheln. Wenn die Artischocken gar sind, herausnehmen und beiseitestellen.

Die Kartoffeln im Topf unbedeckt weiterkochen, bis die Flüssigkeit komplett verdunstet ist; das dauert etwa 20 Minuten. Die Kartoffeln zwischendurch leicht schwenken. Sie werden im Wein fester und behalten ihre Form. Währenddessen die Artischockenböden halbieren.

Beginnt der restliche Sud im Topf braun zu werden, die Artischockenböden und -stiele wieder in den Topf geben. Hin und wieder schwenken, bis die letzte Flüssigkeit verdampft ist, und servieren.

CARXOFES AL FORN

ALCACHOFAS AL HORNO
ARTISCHOCKEN AUS DEM OFEN

In und um Barcelona gibt es unzählige Artischockengerichte. Am einfachsten wird das gesunde und leckere Gemüse im Ofen zubereitet. Artischocken sättigen leicht, als Vorspeise reicht eine Artischocke pro Person, als vegetarisches Hauptgericht serviert man drei Artischocken pro Person.

Für 4 Personen | **Zubereitung:** 10 Minuten | **Backzeit:** 1 Stunde

ZUTATEN

4 (12) längliche Artischocken
1 (2) Knoblauchzehe(n),
sehr fein geschnitten
reichlich Olivenöl
Salz
frisch gemahlener weißer Pfeffer

ZUBEREITUNG

Den Backofen auf 250 °C (Umluft 230 °C) vorheizen. Die Artischockenstiele glatt abscheiden, damit die Artischocken gut stehen. Mit den Spitzen der Köpfe einmal auf die Küchenplatte schlagen, damit sich die Blätter etwas öffnen.

In einer kleinen Schüssel den Knoblauch mit Olivenöl, Salz und Pfeffer mischen.
Die Artischocken auf ein Blech oder in eine Auflaufform setzen und die Würzmischung oben mittig in die Artischocken gießen. Das Blech in den vorgeheizten Ofen auf die mittlere Schiene schieben und die Temperatur auf 200 °C (Umluft 180 °C) reduzieren. Die Artischocken sind nach 45–60 Minuten gar. Die inneren Blätter lassen sich dann leicht herausziehen, ohne dass große Teile vom Herz daran hängen bleiben. Besonders gut schmecken die Artischocken mit Salsa Romesco (Rezept siehe Seite 261). Blatt für Blatt auszupfen, in die Sauce tauchen und auslutschen. Das Artischockenherz ohne das Heu genießen.

TARTA DE CARXOFES AMB PATATES

PASTEL DE ALCACHOFAS Y PATATAS
KARTOFFEL-ARTISCHOCKEN-AUFLAUF

Deftig-kräftig kommen die spanischen Artischocken hier mit Kartoffeln »in Form« und erfreuen nach guter Hausmacherart nicht nur Herzen und Gaumen ausgemachter Gemüsefans.

Für 4–6 Personen | **Zubereitung:** 25 Minuten | **Koch- und Backzeit:** 1 Stunde 15 Minuten

ZUTATEN

12 Artischocken
Saft von 1 Bio-Zitrone
Salz
1,5 kg fest kochende Kartoffeln
1 große Zwiebel
1 EL Olivenöl
plus Olivenöl für die Form
1 Bund glatte Petersilie, gehackt
4 Salbeiblätter, in feine Streifen geschnitten
250 g Crème fraîche
2 Eier
200 g geriebener Käse (z. B. Emmentaler)
frisch gemahlener schwarzer Pfeffer

DIE ARTISCHOCKEN UND DIE KARTOFFELN KOCHEN

Die Artischockenstiele abschneiden, schälen und sofort in Zitronenwasser legen. Von den Artischocken die Blätter abzupfen und die Artischocken zu Herzen schälen. Mit einem scharfkantigen Löffel das Heu entfernen und die Herzen ebenfalls sofort ins Zitronenwasser legen.

In einem Topf die Artischockenherzen und -stiele in Salzwasser 10–12 Minuten kochen, herausheben und abschrecken. Die Herzen in Scheiben schneiden.

Die Kartoffeln schälen und in Scheiben schneiden. In einem Topf mit kochendem Salzwasser etwa 5 Minuten blanchieren, abschrecken und abtropfen lassen. Die Zwiebel schälen und würfeln. In einer Pfanne in Olivenöl bei mittlerer Temperatur andünsten.

DEN AUFLAUF VORBEREITEN UND BACKEN

In einer Schüssel die Artischockenherzen und -stiele mit Zwiebel, Petersilie, Salbei, Crème fraîche, Eiern und Käse verrühren, mit Salz und Pfeffer abschmecken.

Den Backofen auf 200 °C (Umluft 180 °C) vorheizen. Eine Springform mit Olivenöl einpinseln. Die Hälfte der Kartoffelscheiben einfüllen, dabei auch die Wand der Springform belegen. Mit der Hälfte der Artischocken-Eier-Mischung begießen, den Rest der Kartoffelscheiben darauflegen und die andere Hälfte der Eiermischung aufgießen. Im vorgeheizten Backofen auf der mittleren Schiene 50 Minuten backen. Aus dem Ofen nehmen und auf einem Gitter abkühlen lassen. Aus der Form nehmen und servieren. Dazu schmeckt ein Rucolasalat mit einer Kräutervinaigrette.

ALBERGÍNES FARCIDAS

BERENJENAS RELLENAS
GEFÜLLTE AUBERGINEN

Der Landkreis Baix Llobregat südwestlich von Barcelona ist der Gemüsegarten der Stadt. Neben Puffbohnen und Artischocken kommen von hier auch großartige Tomaten und Auberginen. Auberginen lassen sich so vielseitig zubereiten! Die gefüllten Auberginen sind eines meiner Lieblingsgerichte, leider ist es ein wenig in Vergessenheit geraten, obwohl es so einfach zuzubereiten ist.

Für 4 Personen | **Zubereitung:** 15 Minuten | **Koch- und Backzeit:** 40 Minuten

ZUTATEN

4 große Auberginen
1 kleine rote Paprikaschote, fein gewürfelt
1 EL Olivenöl
300 g gemischtes Hackfleisch
1 Zwiebel, fein gewürfelt
1 große reife Tomate, gewürfelt
½ TL Zimt
frisch geriebene Muskatnuss
1 EL mildes Paprikapulver
Salz
frisch gemahlener schwarzer Pfeffer
200 g geriebener Emmentaler

DIE AUBERGINEN VORBEREITEN

Den Backofen auf 200 °C (Umluft 180 °C) vorheizen. Die Auberginen der Länge nach halbieren, den Stielansatz nicht entfernen. Das Fruchtfleisch mehrfach rautenförmig einschneiden. Die Auberginenhälften mit den Schnittflächen nach oben in eine ofenfeste Form legen und im vorgeheizten Ofen auf der mittleren Schiene 20 Minuten backen. Aus dem Ofen nehmen und vorsichtig das Fruchtfleisch herauslöffeln, dabei darauf achten, dass die Haut intakt bleibt.

Das Fruchtfleisch in eine Schüssel füllen und grob zerkleinern, beiseitestellen. Die Backofentemperatur auf 170 °C (Umluft 150 °C) reduzieren.

DIE FÜLLUNG ZUBEREITEN UND DIE AUBERGINEN ÜBERBACKEN

In einer Pfanne die Paprika im Olivenöl bei mittlerer Temperatur scharf anbraten. Wenn sie beginnt, weich zu werden, das Hackfleisch und die Zwiebel dazugeben und alles kräftig anbraten. Die Tomate zugeben und mit Zimt, Muskatnuss, Paprikapulver, Salz und Pfeffer abschmecken. Weiterköcheln, bis die Flüssigkeit nahezu verdampft ist. Zum Schluss das Auberginenfruchtfleisch unterheben.

Die Auberginenhälften mit der Hackfleischmischung füllen und mit dem Käse bestreuen. Im Ofen auf der mittleren Schiene 10 Minuten überbacken. In den letzten 3 Minuten die Grillstufe zuschalten.

ALBERGÍNES AMB TORTA DEL CASAR

BERENJENAS CON TORTA DEL CASAR
AUBERGINEN AUS DEM OFEN MIT TORTA DEL CASAR

Spanien hat verhältnismäßig wenige Rohmilchkäse mit »Charakter«. Einer davon ist die Torta del Casar aus der Estremadura. Dieser Käse wird gereift sehr weich und wird dann mit Löffeln aus dem Laib geschöpft. Mir wurde einmal eine andere Variante in Barcelona serviert, die ich ganz vorzüglich finde.

Für 4 Personen | **Zubereitung:** 10 Minuten | **Brat- und Backzeit:** 15 Minuten

ZUTATEN

4 mittelgroße, nicht zu bauchige Auberginen
Salz
1 EL Olivenöl
1 Torta del Casar (aus dem mediterranen Lebensmittelhandel oder Internet, alternativ ein anderer würziger Weichkäse, z. B. Epoisses de Bourgogne)
4 Scheiben Toastbrot, geröstet

ZUBEREITUNG

Den Backofen auf 200 °C (Umluft 180 °C) vorheizen. Von den Auberginen die Stielansätze abschneiden und die Auberginen der Länge nach vierteln, die Viertel noch einmal halbieren. Die Stücke leicht salzen, um die Auberginen zu entwässern, trocken tupfen. In einer ofenfesten Pfanne die Auberginen im Olivenöl bei hoher Hitze kurz und scharf anbraten. Danach im vorgeheizten Backofen fertig garen.

Eine reife, zimmerwarme Torta del Casar auf der Oberfläche über Kreuz einschneiden und die Deckenviertel zurückklappen. Auberginen, Käse und Toast mit Löffeln servieren.

FAVES A LA CATALANA

HABAS A LA CATALANA
DICKE BOHNEN AUF KATALANISCHE ART

Dicke Bohnen gehören zu den ältesten Hülsenfrüchten Europas, sie wurden, so geht die Kunde, sogar schon im Alten Ägypten gegessen. Auch aus der Küche Spaniens sind sie nicht wegzudenken. Aus dem Baix Llobregat kommen habas *oder* faves *von bester Qualität. Wie alles schmecken auch Dicke Bohnen frisch am besten. Für den, der mühelos genießen möchte, ohne die Bohnen zu puhlen, sind sie frisch und gepuhlt zu kaufen. Das hat natürlich seinen Preis. Zum Glück gibt es die Bohnen auch im Glas oder tiefgekühlt. Hier nun eines der für Barcelona ganz typischen Gerichte – wie so häufig, zählen die deftigen Dinge des Lebens zu den besten.*

Für 4 Personen | **Zubereitung:** 10 Minuten | **Bratzeit:** 1 Stunde und 25 Minuten

ZUTATEN

100 g geräucherter Speck in dicke Scheiben geschnitten
1 Knoblauchzehe, gehackt
1 Schuss Olivenöl
1 Beinscheibe vom Serrano-Schinken (alternativ von anderem Schinken)
1 Zwiebel, fein gewürfelt
1 kleiner Zweig Rosmarin
2 Lorbeerblätter
3 reife Tomaten, entkernt und grob gehackt
50 ml trockener Sherry (alternativ trockener Rotwein)
2 cl Anisschnaps
750 g Dicke Bohnen aus dem Glas
1 großer Zweig frische Minze
Salz
je 100 g Botifarra blanca (alternativ Bratwurst) und Botifarra negra (alternativ milde Blutwurst)
100 ml Fleischbrühe

ZUBEREITUNG

Den Räucherspeck grob hacken. In einer Pfanne mit hohem Rand Speck und Knoblauch im Olivenöl bei hoher Temperatur goldbraun anbraten. Die Beinscheibe und die Zwiebel zugeben und unter Rühren weiterbraten. Rosmarin und Lorbeer zugeben und unter Rühren nochmals 3–4 Minuten braten.

Die Tomaten in die Pfanne geben und bei geschlossenem Deckel 7–8 Minuten köcheln lassen, dann Sherry und Anisschnaps angießen und alles bei reduzierter Temperatur einkochen. Die Sauce sollte langsam eine dunkle Farbe annehmen. Bohnen und zerzupfte Minze unterheben und mit Brühe und Wasser aufgießen, bis alles gerade bedeckt ist. Mit Salz abschmecken und bei geringer Temperatur 40 Minuten schmoren. Dann die Wurst in 1 cm dicke Scheiben schneiden, zur Sauce geben, nochmals mit Salz abschmecken und unbedeckt 15–20 Minuten fertig garen. Die Kräuterzweige entfernen und in einer vorgewärmten Tonschüssel servieren.

ESPINACS A LA CATALANA

ESPINACAS A LA CATALANA
SPINAT MIT ROSINEN UND PINIENKERNEN

Ein echter kulinarischer Hit sind Espinacs a la catalana, *Spinat mit Rosinen und Pinienkernen. In Restaurants finden Sie die Köstlichkeit auch unter der Bezeichnung* espinacs con pasas y piñones.

Für 4 Personen | **Zubereitung:** 10 Minuten | **Kochzeit:** 15 Minuten

ZUTATEN

2 EL Rosinen, in Wasser eingeweicht
750 g Babyspinat
2 EL Pinienkerne
1 kleine Knoblauchzehe, halbiert
4 EL Olivenöl
Salz
frisch gemahlener schwarzer Pfeffer

ZUBEREITUNG

Die Rosinen abtropfen lassen. Den Babyspinat waschen und ebenfalls abtropfen lassen. Noch feucht in einen großen Topf geben und den Deckel aufsetzen. Den Spinat bei hoher Temperatur 2–3 Minuten etwas zusammenfallen lassen. Abkühlen lassen, sorgfältig ausdrücken und fein schneiden.

In einer großen Pfanne Pinienkerne und Knoblauch im Olivenöl bei mittlerer Temperatur unter Rütteln Farbe annehmen lassen, dann den Knoblauch entfernen. Mit den Rosinen und dem Spinat gut vermengen. Mit Salz und Pfeffer würzen und unter gelegentlichem Rühren weitere 5 Minuten garen. In der Pfanne oder auf kleinen Tellern servieren. Nach Belieben mit Schinken und Brot anrichten.

TIPP

Sie können natürlich auch tiefgefrorenen Spinat verwenden. Diesen vor der Verarbeitung auftauen und dann einige Minuten in wenig Wasser dünsten, bis er weich ist.

S. JOSEP
LA BOQUERIA
BANDERILLAS
1€ UNITAT
chorizo
picante
FRUITES I VERDURES
SOTO

DIE MÄRKTE

Barcelona hat in jedem Stadtviertel einen Markt. Die Märkte versorgen die Menschen im Viertel vor allem mit frischem Obst und Gemüse, Fisch, Geflügel und Fleisch. Normalerweise kaufen die Restaurantchefs in der Früh ein, dann besorgen Hausfrauen ihren Einkauf und am späteren Vormittag fluten die Touristen die Märkte.

Der berühmteste Markt ist sicherlich der Mercat de Sant Josep, besser bekannt als *boquería* – vor allem die Fischabteilung hat ihn berühmt gemacht. Immer mehr Stände haben sich allerdings auf Touristen eingestellt, und der Markt büßt gerade sehr an Attraktivität ein. So sehr, dass schon laut darüber nachgedacht wurde, ob und wie der Touristenstrom zu beschränken sei.

Die anderen Märkte der Stadt wurden oder werden von Grund auf saniert. So ist der Mercat de Santa Caterina, der Markt des Viertels Born/La Ribera, 2005 fertig geworden, der Mercat Ninot, der Markt des Viertels Eixample, 2015. Einer der schönsten, der Mercat de Sant Antoni, wird ebenfalls restauriert.

CIGRONS AMB CLOÏSSES

GARBANZOS CON ALMEJAS
KICHERERBSEN MIT TEPPICHMUSCHELN

Kichererbsen, diese vielseitigen Hülsenfrüchte, haben es nie so richtig über die Alpen geschafft. Und dabei sind sie so gesund und lecker! Die Mittelmeeranrainer haben ihre Qualitäten schon früh erkannt und entsprechend viele Rezepte kreiert. In Spanien kauft man Kichererbsen schon vorgekocht en gros beim Metzger oder im Supermarkt im Glas.

Für 4 Personen | **Zubereitung:** 10 Minuten | **Kochzeit:** 35 Minuten | **Zeit zum Wässern:** 4–5 Stunden

ZUTATEN

250 g Teppichmuscheln (Venusmuscheln)
Salz
1 kleine Knoblauchzehe, fein geschnitten
Olivenöl zum Anbraten
½ TL Cayennepfeffer
1 Zwiebel, gewürfelt
2 Karotten, gewürfelt
1 Prise edelsüßes Paprikapulver
1 EL Mehl
1 kleines Glas Weißwein
300 g Kichererbsen aus dem Glas, abgetropft
500 ml Gemüsebrühe
frisch gemahlener schwarzer Pfeffer
gehackte glatte Petersilie für die Dekoration
Schnittlauchröllchen für die Dekoration
1 kleine rote Chilischote, in Ringe geschnitten

ZUBEREITUNG

Die Muscheln vor der Zubereitung 4–5 Stunden in kaltes Salzwasser (50 g Salz/1 l Wasser) geben, damit sie Sand und andere Verunreinigungen ausscheiden.

In einer großen Pfanne den Knoblauch im Olivenöl bei mittlerer Temperatur anbraten. Sobald der Knoblauch Farbe annimmt, mit Cayennepfeffer würzen und Zwiebel sowie Karotten zufügen. Das Gemüse knapp 10 Minuten weich garen, dann mit Paprikapulver und Mehl bestäuben. Mit dem Weißwein ablöschen und etwas Flüssigkeit verdampfen lassen. Die Kichererbsen zugeben, die Gemüsebrühe angießen und wieder einige Minuten köcheln, bis die Flüssigkeit nahezu komplett von den Hülsenfrüchten aufgenommen worden ist.

In einer weiteren Pfanne die abgetropften Muscheln in Olivenöl bei hoher Temperatur und bei geschlossenem Deckel dämpfen, bis sich alle geöffnet haben. Nicht geöffnete Muscheln wegwerfen! Die Muscheln zum Gemüse geben und alles weitere 5 Minuten kochen, abschmecken. Mit Petersilie, Schnittlauch und der Chili bestreuen und servieren.

AMANIDA DE CIGRONS

GARBANZOS ALIÑADOS
KICHERERBSENSALAT

Kichererbsen lassen sich gekocht sehr vielseitig verwenden: warm als Beilage oder in Eintöpfen und – besonders lecker – als ein erfrischender Salat im Sommer.

Für 4 Personen | **Zubereitung:** 15 Minuten

ZUTATEN

1 milde Zwiebel
1 kleine Salatgurke
1 grüne oder rote Paprikaschote
1 Karotte, gekocht
1 Ei, hart gekocht
500 g Kichererbsen aus dem Glas, abgetropft
1 kleine Dose Mais (240 g), abgetropft
Essig
Olivenöl
Salz

ZUBEREITUNG

Die Zwiebel und die Gurke schälen und fein würfeln. Von der Paprika Stielansatz und Samen entfernen und das Fruchtfleisch fein würfeln. Die Karotte und das Ei ebenfalls in kleine Würfel schneiden. Alles in eine größere Schüssel geben und Kichererbsen sowie Mais zugeben. Aus Essig, Olivenöl und Salz eine Vinaigrette zubereiten und den Salat damit anmachen.

TIPP

Am besten schmecken Kichererbsen selbst gekocht. Dazu die Kichererbsen in einem großen Topf gut mit Wasser bedeckt und mit Natron 24 Stunden quellen lassen. (Richtwert: Auf 300 g Kichererbsen kommt 1 EL Natron.) Am nächsten Tag ca. 1 Stunde kochen und den dabei entstehenden Schaum abschöpfen. Abgießen, gut abtropfen lassen und verwenden.

POTATGE DE CIGRONS AMB CHORIZO

POTAJE DE GARBANZOS CON CHORIZO
KICHERERBSENEINTOPF MIT CHORIZO

Dieser Eintopf wird mit wechselnden Zutaten in ganz Spanien gegessen – so deftig wie in diesem Rezept schmeckt er am besten.

Für 4 Personen | **Zubereitung:** 10 Minuten | **Brat- und Kochzeit:** 30 Minuten

ZUTATEN

200 g Chorizo, in Scheiben geschnitten
Olivenöl zum Anbraten
1 Knoblauchzehe, gehackt
1 Zwiebel, gehackt
1 Karotte, in Scheiben geschnitten
je 1 rote und grüne Paprikaschote, gewürfelt
Salz
frisch gemahlener schwarzer Pfeffer
600 g Kichererbsen aus dem Glas, abgetropft
1 Kartoffel, klein gewürfelt
1 Tomate, gehäutet, entkernt und klein gewürfelt
1–3 Lorbeerblätter

ZUBEREITUNG

In einem großen Topf die Chorizo-Scheiben in Olivenöl bei mittlerer Temperatur anbraten. Tritt sehr viel Fett aus, etwas davon abschöpfen. Den Knoblauch kurz mitbraten, dann Zwiebel, Karotte und Paprika zufügen. Bei geringer Temperatur weich garen, salzen und pfeffern. Mit Wasser etwa 2 Finger hoch aufgießen und zum Kochen bringen, dann die Kichererbsen zufügen und die Hitze wieder erhöhen.

Wenn alles wieder beginnt zu kochen, Kartoffel, Tomate und Lorbeerblatt zufügen. Bei hoher Temperatur mit aufgesetztem Deckel aufkochen, dann die Temperatur wieder reduzieren und weitergaren, bis die Kartoffel und die Kichererbsen gar sind. Nochmals mit Salz abschmecken und servieren.

MONGETES SEQUES AMB BOTIFARRA

ALUBIAS CON BUTIFARRA
BOHNEN MIT BOTIFARRA

Die Gartenbohne wurde im 16. Jahrhundert nach Katalonien gebracht und sie avancierte schnell zu einer beliebten Feldfrucht. Sie wurde frisch zubereitet – und noch wichtiger, sie ließ sich getrocknet lange lagern. Die Botifarra ist eine frische Bratwurst mit sehr hohem Anteil an magerem Fleisch, oft sogar Filetfleisch. Dieses alte und sehr beliebte Gericht wird zum ersten Mal um 1830 in schriftlicher Form erwähnt. Die Würste schmecken vom Grill noch besser. Dazu werden die Bohnen mit etwas gewürfeltem Speck und Olivenöl angebraten.

Für 4 Personen | **Zubereitung:** 10 Minuten | **Bratzeit:** 15 Minuten

ZUTATEN

4 frische Botifarras
Olivenöl zum Braten
600 g weiße Bohnen aus dem Glas
Salz
frisch gemahlener schwarzer Pfeffer

Für die *picada*

glatte Petersilie, fein gehackt
1 Knoblauchzehe, fein gehackt
Olivenöl

WÜRSTE UND BOHNEN BRATEN

Die Würste mit einer Gabel rundherum einstechen, damit sie beim Braten nicht platzen. In einer großen Pfanne mit Olivenöl bei hoher Temperatur rundum anbraten. Die Temperatur reduzieren, die Würste fertig garen, aus der Pfanne nehmen und warm stellen.

In der Pfanne im ausgetretenen Fett die Bohnen bei hoher Temperatur anbraten, bis sie leicht anrösten. Mit Salz und Pfeffer abschmecken. In den letzten Minuten der Garzeit die Würste wieder in die Pfanne geben und heiß werden lassen.

EINE *PICADA* ZUBEREITEN

Aus Petersilie, Knoblauch und etwas Olivenöl eine *picada* anrühren, die auf die angerichteten Bohnen geträufelt wird.

MAÓ DESCREMAT
EL REGIM AMB GUST.
18%
MAT. GRASA 14.50 €
SUER
GOUDA amb BACON
El gouda mes original.
Lleugerament fumat.
HOLANDA 19.50 €
Artesa de la terra i barato
16.50 €
TETILLA GALLEGA
l'has tastat amb codonyat?
Sabor: cremós.
Llet: Vaca.
Origen: Pontevedra
Mat. Grasa 45%
11.90 €
CAMEMBERT
LE RUSTIQUE
FABRIQUÉ EN NORMANDIE
LE RUSTIQUE

Mit der Käseauswahl von Paris kann Barcelona sicher nicht mithalten. Dennoch gibt es auch hier – neben den gängigen Sorten – einige echte Spezialitäten zu entdecken.

PATATES I SOBRASSADA

PATATAS Y SOBRASSADA
STAMPFKARTOFFELN MIT SOBRASSADA

Eigentlich sind Kartoffeln mit Sobrassada ein mallorquinisches Bauernessen. Die sobrassada *ist eine mallorquinische geräucherte, streichfähige Wurst. Im Restaurant »La Semproniana« wurde mir dieses Gericht äußerst delikat zubereitet als erster Gang serviert – und auch ich kann damit immer wieder Gäste überraschen.*

Für 4 Personen | **Zubereitung:** 15 Minuten | **Kochzeit:** 25 Minuten

ZUTATEN

800 g mehlig kochende Kartoffeln
Salz
150–200 ml lauwarme Milch
40 g Butter
frisch geriebene Muskatnuss
1 EL fein geschnittene Kräuter nach Belieben (Basilikum, glatte Petersilie, Koriander)
200 g Sahne
150 g Parmesan, gerieben
4 Scheiben Sobrassada (gehäutet, etwa 1,5 cm dick, etwa 6 cm Durchmesser)
Bratensauce vom Vortag, nach Belieben
4 Servierringe (etwa 9 cm Durchmesser)

KARTOFFELPÜREE UND SAUCE ZUBEREITEN

Die Kartoffeln schälen und in Salzwasser garen. Mit Milch, Butter und einer Prise Muskatnuss zu grobem Püree stampfen, die Kräuter unterheben und warmhalten.

In einem kleinen Topf bei geringer Temperatur die Sahne erwärmen und den Parmesan darin schmelzen lassen.

DIE TÜRMCHEN ANRICHTEN

Die Servierringe auf Teller setzen und bis zur Hälfte mit heißem Kartoffelpüree füllen. Darauf jeweils 1 Scheibe Sobrassada legen und mit dem übrigen Kartoffelpüree auffüllen. Den Ring abziehen und auf Höhe der Sobrassada seitlich hineinstechen, damit das schmelzende Fett der Sobrassada dekorativ rot ablaufen kann.

Um den »Turm« einen Spiegel aus Parmesansauce angießen und den »Turm« damit beträufeln. Haben Sie noch Bratensauce vom Vortag, damit dekorative Akzente setzen und etwas Muskatnuss darüberreiben.

NÍSCALOS AMB ALL I JULIVERT

ROVELLONES CON AJO Y PEREJIL
EDELREIZKER MIT KNOBLAUCH UND PETERSILIE

Im späten Sommer beginnt je nach Wetterlage die Pilzsaison. Die meistverzehrten Pilze in Barcelona sind sicherlich die rovellones *oder* níscalos, *die Edelreizker, die in den unterschiedlichsten Variationen zubereitet werden. Besonders gut schmecken sie auf die einfachste Art und Weise.*

Für 4 Personen | **Zubereitung:** 5 Minuten | **Kochzeit:** 10 Minuten

ZUTATEN

800 g Edelreizker
(am besten kleine Köpfe)
1 kleine Knoblauchzehe
2 EL glatte Petersilienblätter
1 kleiner Zweig Rosmarin
4 EL Olivenöl
Meersalzflocken

ZUBEREITUNG

Die Pilze mit einem Pinsel und einem feuchten Tuch reinigen. Den Knoblauch schälen, mit der Petersilie und einigen Nadeln vom Rosmarinzweig grob hacken.

In einer Pfanne die Pilze im Olivenöl bei mittlerer Temperatur anbraten, leicht salzen. Beginnen die Pilze zu bräunen, haben aber noch Biss, die Kräuter zugeben und kurz weitergaren. Mit Weißbrot servieren.

OUS FREGITS AMB OU DE REIG

HUEVOS FRITOS CON ORONJA
SPIEGELEIER MIT KAISERLINGEN

Der unumstrittene »Kaiser der Pilze« in Katalonien ist der Kaiserling, der ou de reig. *Der Kaiserling (*Amanita cesarea*) gehört zu den Knollenblätterpilzen, ist aber im Gegensatz zu anderen Vertretern der Gattung nicht giftig. Leider ist er als einer der besten Speisepilze recht selten. Wem er auf einer Speisekarte begegnet, der sollte ihn sich auf keinen Fall entgehen lassen. Ich habe ein solch »kaiserliches« Gericht einmal im Restaurant »Dos Cielos« in Barcelona genießen dürfen: Ein sehr einfaches und doch ausgesprochen köstliches Gericht sind Spiegeleier mit Kaiserlingen.*

Für 4 Personen | **Zubereitung:** 10 Minuten | **Bratzeit:** 15 Minuten

ZUTATEN

400 g Kaiserlinge
60 g Schalotten
Olivenöl zum Braten
50 ml Hühnerbrühe
Salz
frisch gemahlener schwarzer Pfeffer
8 Eier
gehobelter Manchego
Schnittlauchröllchen

ZUBEREITUNG

Die Pilze mit einem Pinsel und einem feuchten Tuch reinigen. Sind die Pilze groß, die orangefarbene Haut abziehen und die Pilze halbieren. Sind die Hüte noch geschlossen, nur die weiße Hülle entfernen und die Pilze ebenfalls halbieren.

Die Schalotten schälen und fein schneiden. In einer Pfanne in wenig Olivenöl bei mittlerer Temperatur andünsten. Die Pilze zugeben und die Hühnerbrühe angießen. Mit Salz und Pfeffer würzen und einige Minuten dünsten, bis die Flüssigkeit etwas reduziert ist.

Währenddessen in einer weiteren Pfanne die Spiegeleier so zubereiten, dass das Eigelb flüssig bleibt. Auf jedem Teller 2 Spiegeleier anrichten, salzen und pfeffern. Darauf die gegarten Pilze geben. Mit Manchego und Schnittlauch bestreuen und mit dem leuchtend gelben Saft der Pilze aus der Pfanne beträufeln.

BARREJA BOLETS
5,00
Euros / 50Gr
MOIXERNÓ
10,00
BARREJA BOLETS
10,00
Euros /100Gr
ROSSINYOL
5,00
Euros / 50Grs
ROSSINYOL
10,00
Euros /100Grs
OU DE REIG
4,00
Euros / 50Gr
MURGULA COLMENILLA
50,00
Euros / 100Grs

RAVIOLI DE BOLETS

RAVIOLI DE SETAS
MIT PILZEN GEFÜLLTE TEIGTASCHEN

In der boquería *gibt es an der Stirnseite den Stand von Lorenç Patràs. Wenn es um Pilze geht, ist er DIE Referenz in Barcelona. Hier kaufen die meisten Restaurants oder Pilzliebhaber ein. Er richtet jedes Jahr unter seinen privaten Kunden einen Kochwettbewerb aus. Hier ein Siegerrezept, das selbst ihn überrascht hat.*

Für 4 Personen | **Zubereitung:** 30 Minuten | **Brat- und Kochzeit:** 20 Minuten

ZUTATEN

1 kg gemischte Pilze (Pfifferlinge, Totentrompeten, Reizker etc.)
Olivenöl zum Braten
1 kleine Knoblauchzehe, gehackt
1 kleine frische Ingwerwurzel (etwa 3–4 cm), sehr fein geschnitten
4–5 Salbeiblätter, fein geschnitten
Salz
1 Chorizo criollo ohne Haut (alternativ eine gehäutete Bratwurst)
1 Ei
Paniermehl
4 EL frisch geriebener Parmesan
etwa 300 g Nudelteig aus Hartweizengrieß (alternativ aus Hartweizengrieß, Eiern und Wasser einen Teig zubereiten)
60 g Butter
Petersilie zum Bestreuen

DIE FÜLLUNG VORBEREITEN

Die Pilze mit einem Pinsel und einem feuchten Tuch reinigen und in grobe Stücke schneiden. In einer großen Pfanne oder einem Wok Olivenöl bei mittlerer Temperatur erwärmen. Den Knoblauch darin goldgelb anbraten, ohne dass er anbrennt. Den Ingwer und die Pilze zugeben, mit drei Salbeiblättern und etwas Salz würzen. Ist die ausgetretene Flüssigkeit verdampft, die Pfanne vom Herd ziehen und alles abkühlen lassen. Die Pilzmischung aus der Pfanne nehmen und fein hacken. Ein Viertel der Pilzmischung beiseitestellen.

Die Wurst zerzupfen oder hacken und in der zuvor verwendeten Pfanne bei mittlerer Temperatur anbraten. In einer Schüssel mit der übrigen Pilzmischung, Ei, etwas Paniermehl und 2 EL Parmesan mischen.

DIE RAVIOLI ZUBEREITEN

Den Nudelteig auf einer bemehlten Arbeitsfläche zu zwei dünnen Platten ausrollen.

Auf eine der Platten jeweils im Abstand von etwa 6 cm mit einem Esslöffel Portionen der Pilzfüllung verteilen, rund um die Füllung etwas anfeuchten und die andere Teighälfte darauflegen. Um die Füllungen herum fest andrücken. Mit einem Pizzarädchen Ravioli ausschneiden.

Die Ravioli in gesalzenem Wasser 3 Minuten kochen, sie sind gar, wenn sie an die Oberfläche steigen. Auf Tellern anrichten und warmhalten.

Die beiseitegestellte Pilzmischung in einer Pfanne mit der Butter und dem übrigen Salbei sanft erhitzen und über die Ravioli geben. Mit dem übrigen Parmesan und Petersilie bestreut servieren.

LLUÇ AMB VERDURETES I OLI DE FONOLL

MERLUZA CON VERDURA Y ACEITE DE HINOJO Y LIMÓN
SEEHECHT MIT GEMÜSE-JULIENNE UND KRÄUTERÖL

Eigentlich halte ich lluç *oder* merluza, *Seehecht, für einen recht langweiligen Fisch. Aber der Fenchel, der ihn in diesem Rezept begleitet, peppt ihn so richtig auf!*

Für 4 Personen | **Zubereitung:** 20 Minuten | **Bratzeit:** 15 Minuten

ZUTATEN

Für das Kräuteröl

½ Fenchelknolle mit Grün
3–4 Stängel Dill
4–5 Stängel Petersilie
½ Bio-Zitrone
1 kleine Tasse Olivenöl
1 Prise Zucker
frisch gemahlener schwarzer Pfeffer

Für die Fischfilets

4 Seehechtfilets
Olivenöl zum Anbraten
Salz

Für die Gemüse-Julienne

je 1 Aubergine, grüne Paprika, Zucchini, Karotte
1 Zwiebel
Olivenöl
Salz
½ Zweig Rosmarin, die Nadeln abgezupft

DAS KRÄUTERÖL ZUBEREITEN

Die Fenchelknolle und viel vom Grün fein schneiden. Dill und Petersilie fein hacken. Von der Zitrone die Schale abreiben und den Saft auspressen. In einer Schüssel Fenchel, Kräuter, Zesten, etwas Zitronensaft und das Olivenöl zu einer Sauce verrühren, mit Zucker und Pfeffer abschmecken. Bei Zimmertemperatur ziehen lassen.

DIE SEEHECHTFILETS BRATEN

In einer Pfanne die Seehechtfilets in stark erhitztem Olivenöl auf der Innenseite kurz anbraten, dann auf der Hautseite garen und etwas salzen.

DIE GEMÜSE-JULIENNE BRATEN

Die Gemüse bis auf die Zwiebel putzen und in etwa 0,5 cm dicke und etwa 4 cm lange Stifte schneiden. In einer Pfanne in etwas Olivenöl bei hoher Temperatur bissfest braten. Mit etwas Salz und Rosmarin würzen und aus der Pfanne nehmen. Die Zwiebel schälen, in dicke Scheiben schneiden und in etwas Olivenöl anbraten.

Die Seehechtfilets auf vorgewärmten Tellern anrichten, die Julienne auflegen und den Fisch mit dem Kräuteröl beträufeln. Die Zwiebelscheiben dekorativ dazu anrichten.

LLOBARRO AMB MERMELATA DE CEBA

LUBINA CON MERMELADA DE CEBOLLA
WOLFSBARSCH MIT ZWIEBELMARMELADE

Der fangfrische llobarro *oder* lubina, *der Wolfsbarsch, ist einer der schmackhaftesten Fische des Mittelmeeres. Sein aromatisches und festes Fleisch macht ihn zu einer echten Delikatesse. Am besten schmecken die quer über den Rücken geschnittenen Filets eines großen Fisches. Eine ganz exquisite und zugleich simple Zubereitung ist die mit Zwiebelmarmelade, deren Süße ganz fantastisch mit dem aromatischen Fleisch des Wolfsbarsches harmoniert.*

Für 2 Personen | **Zubereitung:** 10 Minuten | **Bratzeit:** 15 Minuten

ZUTATEN

Olivenöl zum Braten
6 große Zwiebeln, in halbierte Ringe geschnitten
1 Prise Salz
1 EL Honig
2 große Wolfsbarschfilets
frisch gemahlener schwarzer Pfeffer

ZUBEREITUNG

Für die Zwiebelmarmelade in einer großen Pfanne das Olivenöl bei mittlerer Temperatur erwärmen. Die Zwiebeln darin anbraten und mit Salz würzen. Den Honig zugeben und die Zwiebeln weich und braun werden lassen, warm halten.

Die Fischfilets trocken tupfen, leicht salzen und pfeffern. In einer weiteren Pfanne Olivenöl bei mittlerer Temperatur erwärmen und die Filets darin zuerst auf den Innenseiten kurz anbraten, dann umdrehen und auf den Hautseiten garen.

Zum Servieren die Zwiebelmarmelade auf dem Fisch verteilen oder seitlich anlegen. Dazu schmeckt Tomatensalat.

RAP A LA MARINERA

RAPE A LA MARINERA
SEETEUFEL NACH SEEMANNSART

Der Seeteufel macht seinem Namen rein äußerlich alle Ehre.
Aber sein grätenloses zartes Fleisch ist ein Hochgenuss.
Die Köche Barcelonas haben dazu so manche Idee.

Für 4 Personen | **Zubereitung:** 25 Minuten | **Brat- und Backzeit:** 40 Minuten

ZUTATEN

1 Zwiebel, fein gewürfelt
1 Knoblauchzehe, in feine Scheiben geschnitten
1 rote Chilischote, entkernt und fein gehackt
Olivenöl zum Braten
1 Scheibe Weißbrot, geröstet und fein gewürfelt
4–5 Stängel glatte Petersilie, grob gehackt
12 geschälte Mandeln, fein gehackt
125 ml Weißwein
250 ml Fischfond
6 Seeteufelfilets (à 125 g)
Salz
frisch gemahlener schwarzer Pfeffer
Mehl
4 Gambas
4 Cigalas (Kronenhummer)

ZUBEREITUNG

In einer Pfanne Zwiebel, Knoblauch und Chilischote in Olivenöl bei hoher Temperatur anrösten. Weißbrot, den Großteil der Petersilie und die Mandeln unterheben. Den Weißwein angießen und alles einmal aufkochen. Pürieren, den Fischfond zugeben und nochmals aufkochen, warm halten.

Den Backofen auf 175 °C (Umluft 155 °C) vorheizen. Den Seeteufel waschen, trocken tupfen, salzen und pfeffern. Die Filets in Mehl wenden und in Olivenöl bei mittlerer Temperatur kurz auf beiden Seiten anbraten. In eine feuerfeste Form legen, mit dem heißen Öl aus der Pfanne übergießen und im vorgeheizten Ofen auf der mittleren Schiene 10 bis 15 Minuten garen. Die Meeresfrüchte in einer Pfanne in Olivenöl 10 Minuten braten und mit dem Fisch in der Sauce anrichten. Mit Petersilienblättten bestreuen und servieren.

BACALAO A LA LLAUNA

BACALAO A LA LLAUNA
STOCKFISCH AUS DEM OFEN

Diese für Barcelona sehr typische Zubereitung von Stockfisch hat ihren Namen von dem Gefäß, in dem der Stockfisch zubereitet wurde. Die llauna *ist ein quadratisches Stahlgefäß mit Zinkauskleidung von etwa 4 cm × 25 cm Größe und mit Henkeln. Gekocht wurde darin auf dem offenen Feuer. Heute bereitet man* bacalao a la llauna *häufig in einer Tonkasserolle im Ofen zu.*

Für 4–6 Personen | **Zubereitung:** 10 Minuten | **Brat- und Backzeit:** 35 Minuten

ZUTATEN

800 g Stockfisch, entsalzen, ohne Haut und Gräten
50 g Mehl
200 ml Olivenöl
3 Knoblauchzehen, fein geschnitten
1 EL edelsüßes Paprikapulver
1 Glas Weißwein

ZUBEREITUNG

Den Backofen auf 180 °C (Umluft 160 °C) vorheizen. Den Stockfisch in gleichmäßige Stücke schneiden und in Mehl wenden. In einer Pfanne den Fisch in Olivenöl bei hoher Temperatur auf jeder Seite 2–3 Minuten anbraten. Auf Küchenpapier abtropfen lassen und in eine Tonform setzen.

Im Öl in der Pfanne den Knoblauch goldbraun anbraten. Die Pfanne vom Herd ziehen, das Paprikapulver einrühren und den Weißwein angießen. Bei mittlerer Temperatur die Flüssigkeit reduzieren und den Stockfisch damit übergießen. Im vorgeheizten Backofen auf der mittleren Schiene in 15 Minuten fertig garen. Mit Salat, weißen Bohnen oder Kartoffeln servieren.

BACALAO AMB CEBA I MEL AL FORN

BACALAO CON CEBOLLA Y MIEL AL HORNO
STOCKFISCH MIT HONIG UND ZWIEBELN AUS DEM OFEN

Der Honig harmoniert perfekt mit dem salzigen Stockfisch – er passt einfach gut dazu. In einer anderen Variante des Gerichts wird der Fisch mit Äpfeln serviert.

Für 4–6 Personen | **Zubereitung:** 10 Minuten | **Brat- und Backzeit:** 35 Minuten

ZUTATEN

50 ml Olivenöl
3–4 Zwiebeln, in Streifen geschnitten
1 kleine Knoblauchzehe, fein gehackt
Salz
2 EL Honig
1 kg Stockfisch, entsalzen, ohne Haut und Gräten, in 4–6 Stücke geschnitten
2 EL Mehl plus Mehl zum Wenden
2 EL Butter
250 ml Milch
1 Prise frisch geriebene Muskatnuss

DIE ZWIEBEL KARAMELLISIEREN

In einer Pfanne die Hälfte des Olivenöls bei mittlerer Temperatur erwärmen. Zwiebeln und Knoblauch darin dünsten und leicht salzen. Wenn sie etwas Farbe genommen haben, den Honig zugeben und alles einige Minuten karamellisieren lassen.

BACALAO BRATEN UND ÜBERBACKEN

Den Stockfisch in Mehl wenden und im restlichen Öl auf jeder Seite bei hoher Temperatur 2 Minuten anbraten, zum Abtropfen auf Küchenpapier legen.

Den Bacalao in eine Tonform setzen. Aus Butter, Mehl und Milch eine Béchamelsauce zubereiten, mit etwas Salz und Muskatnuss abschmecken, über den Stockfisch geben und in den auf 200 °C (Umluft 180 °C) vorgeheizten Backofen schieben. Die Temperatur sofort auf 170 °C (Umluft 150 °C) herunterschalten und in 20 Minuten fertig garen. Mit Kartoffelpüree und den Honigzwiebeln anrichten.

BACALAO AMB SAMFAINA

BACALAO CON SAMFAINA
STOCKFISCH MIT SAMFAINA

Zwei »Klassiker« aus Barcelonas Küche, Stockfisch und Samfaina, geben in der Tonform ein richtig gutes Paar ab.

Für 4 Personen | **Zubereitung:** 15 Minuten | **Brat- und Backzeit:** 25 Minuten

ZUTATEN

500 g Stockfisch, entsalzen, ohne Haut und Gräten
3 EL Mehl
Olivenöl zum Braten
2 Zwiebeln, fein gewürfelt
2 Knoblauchzehen, fein gewürfelt
je 1 rote und grüne Paprika, fein gewürfelt
1 große Aubergine, fein gewürfelt
2 kleine Zucchini, fein gewürfelt
2 reife Tomaten, gehäutet und fein gewürfelt
Salz
frisch gemahlener schwarzer Pfeffer
Zucker

STOCKFISCH- UND GEMÜSE ZUBEREITEN

Den Stockfisch trocken tupfen und in mehrere Stücke schneiden. In Mehl wenden, in einer großen Pfanne in Olivenöl bei mittlerer Temperatur goldbraun anbraten, aus der Pfanne nehmen und auf Küchenpapier abtropfen lassen.

In der gleichen Pfanne in Öl Zwiebeln, Knoblauch und Paprika 5 Minuten braten. Das übrige Gemüse zugeben und kurz mitbraten. Etwas Wasser angießen und mit Salz, Pfeffer und Zucker abschmecken.

Die Fischstücke wieder in die Pfanne geben und mit dem Gemüse in 5 – 10 Minuten fertig garen. Eventuell etwas mehr Wasser oder Fischfond angießen.

Den Stockfisch auf Tellern mit der Samfaina anrichten und servieren.

LOBARRO AL FORN AL ESTIL PESCADER

LUBINA AL HORNO AL ESTILO PESCADOR
WOLFSBARSCH AUS DEM OFEN NACH FISCHERART

Fisch aus dem Ofen ist ein für Barcelona ganz typisches Gericht. Dorade oder Wolfbarsch sind die Favoriten dabei.

Für 4 Personen | **Zubereitung:** 15 Minuten | **Brat- und Backzeit:** 35 Minuten

ZUTATEN

1 kg Kartoffeln, geschält und in Scheiben geschnitten
1 Zwiebel, grob gewürfelt
1 Lorbeerblatt
Salz
frisch gemahlener schwarzer Pfeffer
10 EL Olivenöl
200 g Tomaten, geviertelt
1 Glas Weißwein
2 Wolfsbarsche oder Doraden (à 1 kg, küchenfertig, alternativ 4 Filets)
1 rote Chilischote in feine Ringe geschnitten
2 Knoblauchzehen, in feine Scheiben geschnitten
2 EL Essig

DEN FISCH BACKEN

Den Backofen auf 180 °C (Umluft 160 °C) vorheizen. Kartoffeln, Zwiebel und Lorbeerblatt in eine große ofenfeste Form geben, mit Salz und Pfeffer würzen. Mit 5 EL Olivenöl beträufeln und auf der mittleren Schiene in den Backofen schieben. Wenn die Kartoffeln nach 10–15 Minuten halb gegart sind, die Tomaten zugeben und den Weißwein angießen, fertig garen.

In einer beschichteten Pfanne den Fisch bei mittlerer Temperatur leicht anbräunen. Den Fisch auf das Ofengemüse legen und im Ofen zu Ende garen.

DIE SAUCE ZUBEREITEN

Für die Sauce in einer Pfanne die Chili und den Knoblauch in 5 EL Olivenöl bei mittlerer Temperatur goldbraun anbraten, den Essig zugeben. Den Fisch auf Tellern mit dem Gemüse anrichten und mit der Sauce beträufeln.

SOPA DE RAP
(excepte a l'estiu)
SOPA DE RAPE
(excepto en verano)
BOU DE MAR
(natural o farcit)
BUEY DE MAR
(natural o relleno)
GAMBA SALADA
CANYAÏLLA
CAÑAÍLLA
OSTRA
La cocció a la planxa inclou all i julivert
La cocción a la plancha incluye ajo y perejil
CALAMARSÓ ANDALUSA
MUSCLO
MEJILLON
7,10

Für ein Essen im »La Paraddeta« stehen die Menschen oft Schlange. Vom Stand geht es direkt zur Zubereitung.

SALMONETES A LA PARILLA

SALMONETES A LA PARILLA
GEGRILLTE ROTBARBEN

Streifenbarben (moll/salmonete de roca) *und Rotbarben* (moll/salmonete de fang) *werden auf den Märkten angeboten. Beide werden in der Küche Barcelonas ähnlich verwendet, wobei die Streifenbarbe etwas höher geschätzt wird.*

Für 4 Personen | **Zubereitung:** 10 Minuten | **Grillzeit:** 5 Minuten

ZUTATEN

8 mittelgroße küchenfertige Rotbarben
Salz
16 Zweige Rosmarin
2 Bio-Zitronen, in halbierte Scheiben geschnitten
Olivenöl zum Bestreichen
grobes Meersalz

ZUBEREITUNG

Den Backofen auf der Grillstufe vorheizen. Die Haut der Rotbarben mehrmals einschneiden, salzen und jeweils mit einem Zweig Rosmarin und einer halben Zitronenscheibe füllen. Die Rotbarben auf beiden Seiten mit Zitronenscheiben und Rosmarin belegen, mit Küchengarn befestigen. Die Fische mit etwas Olivenöl bestreichen und im Ofen unter dem Grill 5 Minuten garen. Das Garn entfernen, mit grobem Salz würzen und servieren.

Dazu passen Ofenkartoffeln mit einer Kräutermascarpone oder Rosmarinkartoffeln aus dem Ofen.

CHAMPINIONS AMB MOLL DE FANG

CHAMPIÑONES CON SALMONETES
CHAMPIGNONS MIT ROTBARBEN UND SPINAT

Die Kombination von Meeresfrüchten mit Zutaten aus dem Landesinnern – mar i muntanya *– sind in ganz Katalonien, und da vor allem in Küstennähe, recht häufig zu finden.*

Für 4 Personen | **Zubereitung:** 25 Minuten | **Brat- und Backzeit:** 25 Minuten

ZUTATEN

8 große Champignons
100 g Babyspinat
Olivenöl zum Braten
4 EL Sahne
Salz
Schnittknoblauch, in feine Ringe geschnitten
2 Knoblauchzehen, in Scheiben geschnitten und goldbraun frittiert
6 Rotbarbenfilets
frisch gemahlener schwarzer Pfeffer
frittierte Petersilie zum Dekorieren

ZUBEREITUNG

Den Backofen auf 200 °C (Umluft 180 °C) vorheizen. Die Stiele der Champignons ausbrechen und die Pilze vorsichtig reinigen.

Den Babyspinat in einem Topf mit etwas Olivenöl bei geringer Temperatur kurz zusammenfallen lassen, auf Küchenpapier abtropfen lassen und klein schneiden. Sahne und Spinat vermengen, salzen. Den Schnittknoblauch sowie den Knoblauch in Öl knusprig braten.

Die Champignonhüte in einer ofenfesten Pfanne in Olivenöl bei mittlerer Temperatur kurz anbraten, innen salzen und mit der Spinatmischung füllen. Im vorgeheizten Backofen auf der mittleren Schiene in 3 Minuten fertig garen.

Die Rotbarbenfilets in gleichmäßige Stücke von bis zu 5 cm × 5 cm schneiden. Die Rotbarbenstücke in einer beschichteten Pfanne bei hoher Temperatur kurz auf beiden Seiten braten, salzen und pfeffern.

Jeweils möglichst 2 Fischstücke auf jeden Pilz montieren (Zahnstocher zu Hilfe nehmen) und mit frittierter Petersilie und Knoblauch-Chips garniert servieren.

ESCAMARLANS AMB CREMA DE ALVOCAT

CIGALA CON CREMA DE AGUACATE
KAISERGRANAT MIT AVOCADOCREME

Zu den feinsten Köstlichkeiten aus dem Meer zählen sicherlich die Kaisergranate. Sie fehlen auf keiner Meeresfrüchte-Paella oder Fideua. Und ganz einfach a la plancha *oder vom Grill sind sie vorzüglich. Es gibt sie aber auch in exquisiten Variationen wie dieser, die ich einmal im Restaurant »Etapes« gegessen habe.*

Für 4 Personen | **Zubereitung:** 20 Minuten | **Bratzeit:** 10 Minuten | **Kühlzeit:** 4–5 Stunden

ZUTATEN

Für die Avocadocreme

4 reife Avocados
2 EL Sahne
Saft von 1 Limette
4 EL Olivenöl
1 Schalotte, fein gewürfelt
Salz
frisch gemahlener schwarzer Pfeffer

Für die Kaisergranate

1 reife Tomate, gehäutet, entkernt und fein gewürfelt
1 grüne Paprika, fein gewürfelt
1 Schalotte, fein gewürfelt
4 EL Olivenöl
1 TL Pimentón de la Vera (mildscharfes Paprikapulver)
12 Kaisergranate (à 150 g, entdarmt)
Salz
Kerbelblättchen oder Schnittlauchröllchen zum Dekorieren

DIE AVOCADOCREME ANRÜHREN

Die Avocados halbieren, vom Kern befreien und das Fruchtfleisch in eine Schüssel löffeln. Mit Sahne, Limettensaft, Olivenöl und der Schalotte im Mixer eine Creme herstellen. Mit Salz und Pfeffer abschmecken und für 4–5 Stunden in eine Eismaschine oder das Gefrierfach geben, möglichst alle 30 Minuten umrühren.

DIE KAISERGRANATE BRATEN UND ANRICHTEN

In einer Schüssel Tomate, Paprika und Schalotte mit dem Olivenöl und dem Paprikapulver anmachen.

Von den Kaisergranaten die Köpfe entfernen und die Schwanzstücke bis auf das letzte Segment schälen, salzen. In einer beschichteten Pfanne bei mittlerer Temperatur anbraten.

Jeweils 3 Kaisergranate mit Salat und 1 Kugel von der geeisten Avocadocreme anrichten, mit Kerbelblättchen oder Schnittlauchröllchen bestreuen und servieren.

TIPP

Als Vorspeise reicht ein Kaisergranat pro Person. Statt Gemüse reicht man dazu einen Salat aus z. B. jungem Spinat, Mangold, Radicchio. Eine dünn geschnitte Zucchinischeibe als Rolle aufgestellt gibt dem Gericht den letzten Touch (siehe Bild).

TELLERINES A LA PLANCHA

COQUINAS A LA PLANCHA
GEBRATENE DREIECKSMUSCHELN

Noch vor 15 Jahren konnte man an den Stränden rund um Barcelona in der Brandungszone ganze Familien im Sand wühlen und etwas sammeln sehen: Sie suchten Mittelmeer-Dreiecksmuscheln – ein Bild, das sich so heute kaum noch so bietet. Diese Muscheln sind a la plancha *eine absolute Leckerei – und so einfach zuzubereiten! In den Restaurants in Strandnähe findet man sie auch oft unter der Bezeichnung* tallarines. *Fragen Sie bei der Bestellung aber besser nach, denn dieses Wort bedeutet auch »Tagliatelle«.*

Für 4 Personen | **Zubereitung:** 10 Minuten | **Bratzeit:** 10 Minuten | **Zeit zum Reinigen der Muscheln:** 3–4 Stunden

ZUTATEN

600 g Dreiecksmuscheln
1 Knoblauchzehe, in Scheiben geschnitten
Olivenöl
Saft von ½ Bio-Zitrone
frisch gemahlener weißer Pfeffer
glatte Petersilie, gehackt, für die Dekoration

ZUBEREITUNG

Wer frische Muscheln aus sandigem Untergrund zu Hause zubereitet, sollte diese sich selbst reinigen lassen, denn nichts ist unangenehmer, als auf Sand zu beißen. Dazu die Muscheln, gleich welcher Art, wenige Stunden vor der Zubereitung in einer Schüssel mit Salzwasser (50 g Salz pro 1 l Wasser) bedecken und dieses Wasser zwei- bis dreimal wechseln.

In einer Pfanne die in Salzwasser gereinigten Muscheln mit dem Knoblauch bei sehr hoher Temperatur abgedeckt 3–4 Minuten braten, damit sie sich öffnen. Schwenken und nicht geöffnete Muscheln aussortieren, wegwerfen. Einen ordentlichen Schuss Olivenöl und den Zitronensaft zugeben. Mit dem weißen Pfeffer würzen und mit der Petersilie bestreut auf einer Platte servieren.

CLOÏSSES AMB BORRATJA

ALMEJAS CON BORRAJAS
VENUSMUSCHELN IM BORRETSCHSUD

Borretsch, der in Deutschland vor allem als Gewürzkraut für Salate oder Gurken kultiviert wird, wächst überall in der Gegend um Barcelona wild und in großen Mengen. Früher wurde die Pflanze in Spanien neben der Verwendung als Heilpflanze als gesundes Nahrungsmittel in verschiedensten Rezepten zubereitet – wir sollten uns wieder darauf zurückbesinnen.

Für 4 Personen | **Zubereitung:** 15 Minuten | **Kochzeit:** 20 Minuten

ZUTATEN

300 g Borretsch
Salz
1 Knoblauchzehe
100 ml Olivenöl
1 geh. EL Mehl
4 EL Weißwein
400 g Venusmuscheln, gereinigt (siehe Seite 154)
4–5 Stängel glatte Petersilie, gehackt
Salz
frisch gemahlener weißer Pfeffer

ZUBEREITUNG

Den Borretsch waschen und mit Stängeln und Blättern in kochendem Wasser mit etwas Salz etwa 5 Minuten blanchieren. Abtropfen lassen, in Stücke schneiden und das Kochwasser aufbewahren.

Den Knoblauch schälen, fein hacken und in einer Pfanne mit dem Olivenöl bei geringer Temperatur unter ständigem Rühren andünsten, er sollte aber nicht bräunen. Das Mehl zugeben und anschwitzen. Den Weißwein und etwa 200 ml vom Borretschwasser zufügen und alles 2 Minuten aufkochen. Die Muscheln in die Sauce geben und weitere 2 Minuten kochen, bis sie sich öffnen. Dann den Borretsch und die Petersilie zugeben. Mit Salz abschmecken und weitere 2 Minuten köcheln, mit frischem Weißbrot servieren.

CLOÏSSES A LA MARINERA

ALMEJAS A LA MARINERA
VENUSMUSCHELN MIT WÜRZIGER SAUCE

Die cloïsses a la marinera *sind das ganze Jahr über eine Delikatesse. Fast alle Restaurants, vor allem direkt am Meer, bieten dieses schlichte, aber köstliche Gericht an. Frische Venusmuscheln sollten vor der Zubereitung in Salzwasser gereinigt werden (siehe Seite 154).*

Für 4 Personen | **Zubereitung:** 10 Minuten | **Kochzeit:** 30 Minuten

ZUTATEN

500 g große oder 1 kg kleine Venusmuschen
100 ml Weißwein
2 Lorbeerblätter
50 ml Olivenöl
1 Zwiebel, gehackt
1 Knoblauchzehe, ohne den Keim sehr fein gehackt
1 TL edelsüßes Paprikapulver
1 EL Mehl
2 reife Tomaten, gehäutet, entkernt und fein gewürfelt
1 getrocknete kleine rote Chilischote, entkernt und gehackt

ZUBEREITUNG

In einer Pfanne die Muscheln mit der Hälfte des Weißweins, etwas Wasser und den Lorbeerblättern bei sehr hoher Temperatur zugedeckt 3–4 Minuten dämpfen, bis sich die Schalen öffnen. Bei Bedarf portionsweise vorgehen, nicht geöffnete Muscheln aussortieren und wegwerfen. Das Muschelwasser durch ein Tuch abseihen und beiseitestellen.

In der Pfanne das Olivenöl bei mittlerer Temperatur erwärmen, Zwiebel und Knoblauch darin goldbraun werden lassen. Die Temperatur reduzieren, Paprikapulver und Mehl gründlich unterrühren, bis eine homogene Creme (Mehlschwitze oder Roux) entsteht. 3–4 Minuten weiterköcheln, dann den übrigen Wein und das Muschelwasser zufügen. Die Flüssigkeit reduzieren lassen und die Tomaten sowie die Chilischote unterrühren. Nach etwa 10 Minuten die Muscheln wieder in die sämige Sauce geben, bei hoher Temperatur aufkochen und alles gut mischen.

Mit Weißbrot servieren.

La Paradeta
www.laparadeta.com

PASTA ITALIANA
BACON I FORMATGE
BACON & CHEESE
CARN
POLLASTRE
CHICKEN
ESPINACS
SPINACH

Einige Läden haben sich auf Feinkost spezialisiert.

GAMBAS AMB ROMESCO

GAMBAS CON ROMESCO
GAMBAS IN ROMESCO-SAUCE

Die vom Grundrezept abgewandelte Zubereitung der Romesco-Sauce macht dieses Gericht so besonders.

Für 4 Personen | **Zubereitung:** 10 Minuten | **Kochzeit:** 25 Minuten

ZUTATEN

Für die Gambas

12 bis 16 große Gambas oder Riesengarnelen
100 ml Olivenöl

Für die Romesco-Sauce

1 Knoblauchzehe, fein geschnitten
80 g geschälte Mandeln
1 kleine Zwiebel, gewürfelt
2 kleine rote Chilischoten, entkernt und fein gehackt
3 große reife Tomaten, gehäutet, entkernt und fein gewürfelt
1 Lorbeerblatt
4–5 Stängel glatte Petersilie, gehackt
1 Scheibe altbackenes Weißbrot, gewürfelt
Salz
frisch gemahlener weißer Pfeffer
Sherry-Essig

DIE GAMBAS VORBEREITEN

In einer Pfanne die Gambas in etwas Olivenöl bei hoher Temperatur anrösten. Aus der Pfanne nehmen und beiseitestellen.

DIE ROMESCO-SAUCE ZUBEREITEN UND ANRICHTEN

In der Pfanne den Knoblauch und die Mandeln in etwas Olivenöl bei hoher Temperatur goldgelb anrösten und aus der Pfanne nehmen. Wieder in etwas Olivenöl die Zwiebel glasig werden lassen. Chilischoten, Tomaten und Lorbeerblatt zugeben und alles bei hoher Temperatur etwas einkochen.

Währenddessen in einem Mörser oder Mixer Knoblauch, Mandeln, Petersilie und Weißbrot zerstoßen beziehungsweise pürieren und zur Sauce geben. Etwas Wasser angießen und mit Salz, Pfeffer und Sherry-Essig würzen.

Die Gambas wieder in die Sauce geben und in der heißen Sauce noch einige Minuten ziehen lassen, nicht mehr kochen!

PAELLA AMB MARISCS

PAELLA DE MARISCOS
MEERESFRÜCHTE-PAELLA

Wer kennt nicht dieses spanische Reisgericht? Wussten Sie aber, dass es seinen Namen der Pfanne verdankt, in der es zubereitet wird? Ursprünglich kommt die Paella aus Valencia und Alicante. Früher gab es Paella am Donnerstag, am Tag, bevor Fisch und Meeresfrüchte wieder frisch eingekauft wurden. Die Paella wird je nach Region immer wieder etwas anders gekocht – so gibt es auch in Barcelona spezielle Zubereitungen. Ich rate davon ab, auf den Ramblas Paella zu essen – es geht besser und günstiger in anderen, weniger frequentierten Straßen der Stadt.

Für 4–6 Personen | **Zubereitung:** 25 Minuten | **Koch- und Bratzeit:** 40 Minuten

ZUTATEN

etwa 200 ml Olivenöl
2 Knoblauchzehen, in feine Scheiben geschnitten
2 getrocknete Nyoras (im Feinkosthandel, alternativ 2 g Safran; siehe Tipp Seite 166)
1 kleines Glas Weißwein
8 große Gambas
4 große Kaisergranate
1 Zwiebel, fein gehackt
250 g Tintenfisch, fein gewürfelt
40 g Rundkornreis (*arroz bomba*)
3 mittelgroße Tomaten, gehäutet, entkernt, fein gewürfelt
1,5 l Fischsud
1 rote Paprikaschote, gegrillt, gehäutet und in Segmente geschnitten
Salz
je 200 g Venusmuscheln und Miesmuscheln, gereinigt (siehe Seite 154)

GEMÜSE UND MEERESFRÜCHTE VORBEREITEN

In einer großen Pfanne mit hohem Rand, am besten in einer Paella-Pfanne, in etwas Olivenöl den Knoblauch und die getrockneten Nyoras bei hoher Temperatur goldbraun werden lassen. Die Chilischoten aus der Pfanne nehmen und auf Küchenpapier gut abtropfen lassen – erkaltet in einem Mörser sehr fein zerstoßen und mit dem Weißwein verrühren, beiseitestellen.

In der Pfanne die Gambas und Kaisergranate im Knoblauchöl bei hoher Temperatur rundum kurz anbraten, aus der Pfanne nehmen und beiseitestellen.

Wieder in etwas Olivenöl die Zwiebel bei mittlerer Temperatur leicht glasig werden lassen, dann die Tintenfischwürfel zugeben und anbraten. Aus der Pfanne nehmen und beiseitestellen.

DEN REIS ZUBEREITEN

Das übrige Olivenöl in die Pfanne geben und den Reis darin bei mittlerer Temperatur 2 Minuten andünsten. Die Tomaten zugeben und 1 l Fischsud sowie die Wein-Mischung angießen. Die Paprikastücke unterheben und abschmecken. Die Temperatur auf hohe Stufe erhöhen und den Reis 5 Minuten im Sud kochen, dann die Temperatur reduzieren und 7–8 Minuten weitergaren. Wird der Reis zu trocken, etwas Fischsud nachgießen, nochmals abschmecken.

DIE PAELLA FERTIGSTELLEN

Die Venusmuscheln in den Reis rühren und die übrigen Meeresfrüchte dekorativ auf dem Reis verteilen. Die Miesmuscheln am Rand der Paella in den Reis drücken und alles abdecken. Bei mittlerer Hitze 3–4 Minuten fertig garen. Idealerweise bäckt der Reis etwas am Pfannenboden an – dieser braune und knusprige *socarrat* ist fast das Beste! Die Paella vom Herd nehmen und vor dem Servieren abgedeckt 5 Minuten ruhen lassen.

ARRÒS DE GALERAS AMB CARXOFES

ARROZ CON GALERAS Y ACACHOFEAS
REIS MIT HEUSCHRECKENKREBSEN UND ARTISCHOCKEN

Die etwas sonderbar aussehenden galeras, *Heuschreckenkrebse, sind außerhalb Spaniens kaum bekannt und werden selbst hier fast nur als Beigabe zu Brühen und Suppen verwendet. Vollkommen zu Unrecht, denn sie schmecken ausgesprochen gut, auch wenn sie nur wenig Fleisch haben und nicht ganz einfach zu schälen sind. Sie können aber auch jeden anderen Meereskrebs verwenden.*

Für 4 Personen | **Zubereitung:** 10 Minuten | **Kochzeit:** 40 Minuten

ZUTATEN

Olivenöl zum Braten
200 g Artischockenherzen (am besten natürlich frische), fein geschnitten
1 Knoblauchzehe, halbiert
1 kleine Zwiebel, fein gewürfelt
½ grüne Paprikaschote, fein gewürfelt
16 Galeras (Heuschreckenkrebse, alternativ andere Krebse)
500 g Rundkornreis (*arroz bomba*)
100 ml Weißwein
10 cl Brandy
3 reife Tomaten, gehäutet, entkernt und fein gewürfelt
2 getrocknete Nyoras, eingeweicht (im Feinkosthandel, alternativ 2 g Safran)
1,5 l Meeresfrüchte- oder Fischbrühe
Salz

ZUBEREITUNG

In einer großen Pfanne mit hohem Rand in Olivenöl die Artischockenherzen und den Knoblauch bei hoher Temperatur 5 Minuten anrösten, aus der Pfanne nehmen und beiseitestellen.

In der gleichen Pfanne in 4 EL Olivenöl die Zwiebel und die Paprika bei mittlerer Temperatur glasig werden lassen. Die Krebse und den Reis zugeben und etwa 5 Minuten anrösten. Weißwein, Brandy, Tomaten, Chilischoten oder Safran zugeben. Die Brühe angießen und mit Salz abschmecken. Bei geringer Temperatur 20 Minuten köcheln, dabei nach etwa 10 Minuten Kochzeit die Artischocken und den Knoblauch wieder zugeben. Zum Servieren einige der Krebse auslösen, unter den Reis heben und mit den übrigen Krebsen dekoriert servieren.

TIPP

Nyoras sind etwa pflaumengroße schwarz-rote getrocknete Paprikaschoten mit einem aromatischen, leicht bitteren und mild-pikanten Geschmack. Wer *nyoras* zur Verfügung hat, kann jedes Reis- und Nudelgericht damit verfeinern und färben: In einem Topf mit Olivenöl 1 Schote ohne Stielansatz und Samen mit 1 in Scheiben geschnittenen Knoblauchzehe anrösten, bis der Knoblauch goldbraun, aber nicht verbrannt ist. Das Öl zur Weiterverwendung aufheben, den Knoblauch wegwerfen. Die Paprikaschote abtropfen und abkühlen lassen, sie ist jetzt brüchig. In einem Mörser mit etwas grobem Salz fein vermahlen und in Fischfond einrühren, die Dosierung der anderen Gewürze dann gegebenenfalls reduzieren.

Auf Deutsch heißen *nyoras* übrigens Ziegenhorn, was ich nicht verstehe, da sie so viel Ähnlichkeit mit dem Horn einer Ziege haben wie ich mit Claudia Schiffer …

ARRÒS NEGRE AMB SIPIA

ARROZ NEGRO CON SEPIA
SCHWARZER REIS MIT TINTENFISCH

Als mir dieses Gericht zum ersten Male vorgesetzt wurde, hatte ich ehrlich Zweifel, ob mir DAS schmeckt. Wer sich einmal traut: Schwarzer Reis ist eine echte Köstlichkeit. Tintenfischtinte bekommen Sie in gut sortierten Fischgeschäften oder im Internet – oder Sie lassen sie sich aus Barcelona mitbringen.

Für 4 Personen | **Zubereitung:** 10 Minuten | **Kochzeit:** 30 Minuten

ZUTATEN

600–750 g Tintenfischtuben
Olivenöl zum Braten
1 Zwiebel, fein gewürfelt
1 kleine Knoblauchzehe, fein geschnitten
½ rote Paprikaschote, fein gewürfelt
Salz
1 große Tomate, gehäutet, entkernt und fein gewürfelt
1 TL Paprikapulver
4 Beutel Tintenfischtinte (à etwa 4 g)
300 g Rundkornreis (*arros bomba*)
750 ml heiße Fischbrühe

ZUBEREITUNG

Den Tintenfisch in kleine Stücke schneiden. In einer großen Pfanne in etwas Olivenöl Zwiebel und Knoblauch bei mittlerer Temperatur andünsten. Die Paprikawürfel zufügen, würzen und alles unter Rühren etwa 5 Minuten weiterdünsten. Dann die Tomate zufügen, wenige Minuten weiterköcheln.

Paprikapulver, Tintenfischtinte, Tintenfischstücke sowie den Reis gleichmäßig unterheben. Die heiße Fischbrühe zufügen und alles bei hoher Temperatur 5 Minuten weiterkochen. Die Temperatur reduzieren und weitere 13–15 Minuten kochen, bei Bedarf mehr Fischbrühe angießen. Ist der Reis gar, die Pfanne vom Herd ziehen und das Gericht zugedeckt einige Minuten ruhen lassen. Mit All i Oli oder Knoblauchmayonnaise servieren.

FIDEOS AMB MARISCS

FIDEOS CON MARISCOS
NUDELPFANNE MIT MEERESFRÜCHTEN

Wer glaubt, allein Italien habe in Europa das »Nudelrecht« für sich gepachtet, der liegt vollkommen daneben. In Katalonien werden seit 500 Jahren Nudeln gegessen – man darf nicht vergessen, dass Teile des heutigen Italiens einmal zum katalanischen Königreich gehörten. Die beliebtesten Sorten sind canelones *und* fideos. Fideos *sind Fadennudeln von drei bis vier Zentimetern Länge, und es gibt eine ganze Reihe von Rezepten dazu. Die Meeresfrüchte können natürlich ganz nach Belieben variieren. Hier die katalanische Antwort auf die Meeresfrüchte-Paella Valencias!*

Für 4 Personen | **Zubereitung:** 10 Minuten | **Brat- und Backzeit:** 45 Minuten

ZUTATEN

150 ml Olivenöl
400 g Fideos N° 1 (alternativ andere kurze Fadennudeln)
1 Zwiebel, fein gewürfelt
200 g Tintenfischtuben
1 l heiße Fischbrühe
200 g Venusmuscheln, gereinigt (siehe Seite 154)
8 Miesmuscheln, gereinigt
16 Gambas, geschält und entdarmt

ZUBEREITUNG

Den Backofen auf 170 °C (150 °C Umluft) vorheizen. In einer ofenfesten Pfanne das Olivenöl auf mittlerer Stufe erhitzen und die Nudeln darin goldgelb anbraten. Beginnen sie zu bräunen, die Zwiebel zugeben und unter Rühren darin glasig andünsten. Zügig den Tintenfisch dazugeben und einige Minuten mitbraten. Die heiße Fischbrühe angießen und alles bei mittlerer Temperatur unter Rühren 5 Minuten köcheln.

Im vorgeheizten Backofen auf der mittleren Schiene 12 – 15 Minuten weitergaren, bis die gesamte Flüssigkeit aufgenommen worden ist. Aus dem Ofen nehmen und die übrigen Meeresfrüchte zugeben. Die Temperatur etwas reduzieren und die »Paella« abgedeckt 5 – 10 Minuten im Backofen fertig garen.

ARRÒS AMB GAMBES I FONOLL

ARROZ CON GAMBAS Y HINOJO
REIS MIT GAMBAS UND FENCHEL

Reis wird in Katalonien in vielen Versionen gegessen, und am liebsten arroz bomba, *der Rundkornreis aus dem Ebro-Delta; er wird üblicherweise für Paella-Gerichte verwendet. In diesem Rezept tut es aber auch ein guter italienischer Risotto-Reis. Fenchel verleiht dem Gericht Frische. Ich nutze gerne wilden Fenchel, der hier vor meiner Haustür wächst – er ist sehr viel aromatischer.*

Für 4 Personen | **Zubereitung:** 20 Minuten | **Kochzeit:** 1 Stunde 15 Minuten

ZUTATEN

Für den *fumet*

Gambaköpfe und -schalen, kleine Gambas oder andere Krebse
60 g Butter
40 g Karotten, fein gewürfelt
40 g Zwiebeln, fein gewürfelt
¼ Fenchelknolle, fein gewürfelt
1 Knoblauchzehe, fein geschnitten
150 ml Weißwein

Für die Gambas-Reis-Pfanne

200 g Tintenfischtuben, in feine Würfel geschnitten
1 Zwiebel, fein gewürfelt
Olivenöl zum Braten
500 g frische, große Gambas, geschält und entdarmt
100 g Risotto-Reis
Bouillabaisse (siehe oben)
Salz
frisch gemahlener weißer Pfeffer
125 g Sahne
Fenchel- oder Dillspitzen zum Dekorieren

DEN *FUMET* KOCHEN

Für die Bouillabaisse die Schalen und Köpfe der Gambas sowie die kleinen Gambas im Mörser zerkleinern. In einer Pfanne die Butter bei mittlerer Temperatur zerlassen und die Meeresfrüchte mit dem Gemüse und Knoblauch darin anschwitzen. Weißwein und 500 ml Wasser angießen, alles 30 Minuten kochen und abseihen.

DIE GAMBAS-REIS-PFANNE ZUBEREITEN

In einer Pfanne den Tintenfisch und die Zwiebel in Olivenöl bei mittlerer Temperatur anbraten. Von den Gambas 4 schöne Exemplare beiseitelegen, die übrigen in Stücke scheiden und zu den anderen Zutaten in die Pfanne geben. Den Reis unterheben, alles andünsten und mit Bouillabaisse bedeckt 18–20 Minuten köcheln, dabei ständig mit einem Holzlöffel umrühren. Abschmecken und am Ende der Garzeit die Sahne zugeben. In einer weiteren Pfanne die ganzen Gambas in Olivenöl kurz anbraten.

Den Reis in Servierringen auf Teller setzen und jeweils 1 Gamba obenauf setzen. Mit Fenchelgrün oder Dill dekorieren, vorsichtig mit *fumet* angießen und servieren.

OSMOSIS

An Kreativität fehlt es den Restaurants in Barcelona nicht. Eines meiner Lieblingsrestaurants, das »Osmosis«, hat seine Nische in der Restaurant-Landschaft der Stadt gefunden. Die Zutaten sind immer frisch, es existiert kein Lager, alles kommt gerade vom Markt.

Der Chef Fredereic Fernandez und sein Team kreieren einmal in der Woche ein Fünf-Gänge-Degustationsmenü. Das Grundmenü sind immer eine Suppe, ein Reisgericht oder ein Salat, Fisch und darauf folgend Geflügel oder Fleisch und ein Dessert. Aber das ist nicht alles: Bereichert wird das Menü um einen Gruß aus der Küche, meist eine hausgemachte *foie micuit* (Gänse- oder Entenstopfleber), und um ein zweites Dessert, »dreimal Schokolade«. Man ist gut beraten, dem Sommelier – dem anderen Inhaber des »Osmosis« – die Wahl der Weine zu überlassen. Serviert wird das reine Vergnügen!

OSMOSIS

GUATLLES AMB PEBROTS VERMELLS

CODORNICES CON PIMIENTOS ROJOS ASADOS
WACHTELN UND WACHTELEIER MIT PAPRIKA

In diesem Gericht genießen Sie die Wachteln gleich in zweierlei Geschmacksrichtungen. Escabeche *ist hier eine würzige Sauce, durch die das Wachtelfleisch besonders zart gelingt.*

Für 4 Personen | **Zubereitung:** 25 Minuten | **Koch- und Bratzeit:** 1 Stunde 45 Minuten

ZUTATEN

Für die Wachteln

4 küchenfertige Wachteln
Sojasauce für die Marinade
Olivenöl zum Braten

Für die *escabeche*

1 Zwiebel, fein gewürfelt
1 Karotte, fein gewürfelt
1 Knoblauchzehe, fein gewürfelt
1 Lorbeerblatt
5–6 ganze schwarze Pfefferkörner, angestoßen
150 ml Olivenöl
50 ml Sherry-Essig
50 ml trockener Sherry
Salz
frisch gemahlener schwarzer Pfeffer

Für die Wachteleier

12 frische Wachteleier
Salz
Essig

Zum Anrichten

Pimientos del Piquillo

WACHTEL UND *ESCABECHE* ZUBEREITEN

Von den Wachteln die Keulen abtrennen und in einer Schüssel mit Sojasauce bedecken. Bis zur weiteren Verwendung darin marinieren. Hälse und Flügel werden nicht verwertet, wegwerfen.

In einem Topf die Zutaten für die *escabeche* mischen und auf mittlerer Stufe erhitzen. Die Wachtelbrüste hineingeben und etwa 1 ½ Stunden weich kochen, abschmecken. Die Brüste herausnehmen, von Knochen und Haut befreien und in der *escabeche* warm halten.

In einer Pfanne die Schenkel aus der Marinade in Olivenöl bei mittlerer Temperatur rundum braten, bis sie gar sind.

DIE WACHTELEIER POCHIEREN

In einem Topf Salzwasser mit einem Schuss Essig zum Kochen bringen. Das Wasser mit einem Holzlöffel durch Rühren in Bewegung bringen. Die Wachteleier aufschlagen und mittig in den Strudel des kochenden Wassers gleiten lassen. Sobald das Eiweiß fest ist, die Eier mit dem Schaumlöffel aus dem Wasser heben und abschrecken, unschöne »Anhängsel« aus geronnenem Eiweiß entfernen.

DIE WACHTELN ANRICHTEN

Wachtelkeulen und -brust aus Marinade und Pfanne nehmen, abtropfen lassen und die Brüste über Kreuz einschneiden. Auf einem Teller auf erwärmten, marinierten Paprikafilets mit pochierten Eiern anrichten.

TIPP

Zum Servieren 1 TL Paprikapulver und 3 TL lauwarmes Olivenöl verrühren. Paprikaöl und etwas Balsamico auf das Gericht träufeln und mit glatter Petersilie dekorieren.

PERDIU ESCABETXADA

ESCABECHE DE PERDIZ
ROTFUSSHUHN IN *ESCABECHE*

Escabeche *ist eigentlich eine saure Marinade, mit der Fisch oder Fleisch haltbar gemacht werden. Der Fisch oder das Fleisch wird in der Regel kalt oder lauwarm gegessen. In Spanien ist Rotfußhuhn* (perdiz) *in* escabeche *beliebt – im Restaurant »La Pitarra« schmeckte mir diese heißt servierte Variante vorzüglich. Für diese Art der Zubereitung eignet sich auch Rebhuhn.*

Für 4 Personen | **Zubereitung:** 25 Minuten | **Koch- und Bratzeit:** 1 Stunde 50 Minuten | **Zeit zum Ziehen:** 12 Stunden

ZUTATEN

2 küchenfertige Rotfußhühner oder große Rebhühner
Salz
frisch gemahlener schwarzer Pfeffer
1,5 l Olivenöl
4 Zwiebeln, fein gewürfelt
4–5 Knoblauchzehen, fein gewürfelt
2 Karotten, fein gewürfelt
2 weiße Rüben, geschält und geviertelt
250 ml Sherry (fino)
250 l Geflügelbrühe
2 EL ganze schwarze Pfefferkörner
1 Lorbeerblatt
1 Zweig Thymian

DAS GEFLÜGEL SCHMOREN

Schenkel und Flügel des Geflügels mit Küchengarn an den Körpern fixieren, mit Salz und Pfeffer würzen. In einem Bräter in etwas Olivenöl bei mittlerer Temperatur rundherum goldbraun anbraten. Die übrigen Zutaten zugeben und alles bei geringer Temperatur mindestens 1 ½ Stunden garen. Im Sud abkühlen lassen und 1 Tag im Kühlschrank ziehen lassen.

DIE ROTFUSSHÜHNER ANRICHTEN

Das Geflügel halbieren, das Fleisch vorsichtig von den Knochen lösen und im Sud nochmals erwärmen. Aus dem Sud nehmen und auf Tellern anrichten. Dazu passen gut *Samfaina* (siehe Seite 263), *patatas al pobre* (siehe Seite 74) oder Kartoffelpüree.

COLOMAS AMB POCHAS

PICHONES CON POCHAS
TÄUBCHEN MIT WEISSEN BOHNEN

In Spanien wird viel Geflügel verzehrt, aber Tauben und Rotfußhuhn gehören mit zum Feinsten, was in Restaurants angeboten wird. Bei den im Rezept angegebenen Bohnen, pochas, *handelt es sich um weiße Bohnen, die vor der vollen Reife geerntet werden. Sie können auch Alubia-Bohnen verwenden, beides gibt es im gut sortierten (mediterranen) Lebensmittelhandel.*

Für 4 Personen | **Zubereitung:** 25 Minuten | **Brat- und Kochzeit:** 1 Stunde 15 Minuten

ZUTATEN

Für das Geflügel

4 küchenfertige junge Tauben (alternativ 2 Rebhühner)
Salz
40 g Schweineschmalz
50 ml Olivenöl
1 Karotte, fein gewürfelt
1 kleine Knoblauchzehe, sehr fein geschnitten
5–6 Stängel glatte Petersilie, fein gehackt
1 kleines Glas Brandy
150 ml Fleischbrühe

Für die Sauce

250 g junge weiße Bohnen
Salz
Olivenöl zum Braten
1 Zwiebel, gewürfelt
1 grüne Paprikaschote, gewürfelt
3 vollreife Tomaten, gehäutet, entkernt und gewürfelt
50 g Serrano-Schinken, fein gewürfelt

DAS GEFLÜGEL ZUBEREITEN

Das Geflügel rundum kräftig salzen. In einer Kasserolle Schweineschmalz und Olivenöl auf mittlerer Stufe erhitzen. Geflügel, Karotte, Knoblauch und gut die Hälfte der Petersilie dazugeben und alles mit dem Brandy übergießen. Bei sehr geringer Temperatur garen, bis die Flüssigkeit verdunstet ist. Dann die Fleischbrühe angießen und gut 20 Minuten weiterköcheln. Bei Bedarf mehr Brühe angießen.

DIE BOHNEN-GEMÜSE-SAUCE ZUBEREITEN

Währenddessen in einem Topf die Bohnen mit Wasser bedecken und bei mittlerer Temperatur ebenfalls etwa 20 Minuten köcheln, dann leicht salzen.

In einer Pfanne in Olivenöl bei mittlerer Temperatur Zwiebel, Paprika und Tomaten anbraten. Nach 20 Minuten mit einem Stabmixer pürieren. Mit den Schinkenwürfeln zu den Bohnen in den Topf geben und alles nochmals 20 Minuten köcheln.

Die Bohnenmischung in die Kasserolle zum Geflügel geben, alles kräftig erhitzen, mit den übrigen Petersilienblättern dekorieren und im Topf servieren.

TIPP

Als Vorspeise wird das Gericht nicht als Eintopf serviert, sondern das Geflügel wird mit der Sauce auf dem Teller angerichtet. Die Bohnen können separat dazu in entsprechend reduzierter Menge gereicht werden.

LUIS DOMINGO
59 €
LA PIEZA
OFERTA
9,99 €/kg
JAMON BELLOTA
OFERTA
LOMO
SALAMANCA
19,99 €/kg
POR PIEZAS
JAMON
BELLOTA
49,90
POR TROZOS
CENTRO PALETA
IBERICA
35,90
POR PIEZAS
JAMON
IBERICO
39,99 €/kg
EL KILO
OFERTA
FORMATGE D'OVELLA
14'99
KILO
OFERTA
FORMATGE SEMI
7'99
KILO
QUESO
FLOR DE
ESGUEVA
Northsea
RULO CABRA
MOZZARELLA

Die Märkte locken mit feinsten Zutaten und Genüssen.

POLLASTRE FARCIT

POLLO RELLENO
GEFÜLLTES BRATHÄHNCHEN

Dieser »Sonntagsbraten« ist die Zeit und das Geld wert, die es braucht, um so köstlich auf den Tisch zu kommen. Also bitte beste Zutaten verwenden, und damit ist in erster Linie ein Hähnchen bester Qualität gemeint. Das Hähnchen zum Füllen am besten bei einem Metzger komplett entbeinen lassen, dabei auch die Flügelspitzen entfernen, sodass das Hähnchen als solches aber intakt bleibt.

Für 4 Personen | **Zubereitung:** 30 Minuten | **Koch- und Bratzeit:** 1 Stunde 10 Minuten | **Ruhezeit:** 12 Stunden

ZUTATEN

1 küchenfertiges Brathähnchen
Salz
frisch gemahlener schwarzer Pfeffer
1 frische, magere Botifarra in Stücke geschnitten
3–4 Scheiben Edamer oder Emmentaler
3–4 Scheiben Bacon
1 kleines Glas Pimientos del Piquillo
2–3 hart gekochte Eier, geviertelt
8 Oliven ohne Stein
200 g frische Edelreizker, geputzt (alternativ 150 g Pilze aus dem Glas, abgetropft)
4–5 Zwiebeln, gewürfelt
Olivenöl zum Braten
2 EL Mandeln und Haselnusskerne, grob gehackt
1 Würfel Hühner- oder Gemüsebrühe
600 ml Bier

DAS HÄHNCHEN FÜLLEN UND ANBRATEN

Das Hähnchen auf einer Arbeitsfläche flach ausbreiten und im Innern salzen und pfeffern. Darauf Botifarra, Käsescheiben, Bacon, Pimientos, Eier, Oliven und ein gutes Drittel der Pilze verteilen. Wie eine Biskuitrolle einrollen und mit Küchengarn gut verschnüren, sodass die Zutaten nicht herausfallen können.

In einem Bräter die Zwiebeln in Olivenöl bei hoher Temperatur anbraten. Das gefüllte Hähnchen zugeben und darin rundum anbraten, dabei immer wieder vom Boden lösen, sodass nichts anbrennt.

DAS HÄHNCHEN IN DER SAUCE FERTIG GAREN

Mandeln und Haselnusskerne, den zerbröselten Brühwürfel und die übrigen Pilze zugeben, das Bier angießen. Bei hoher Temperatur aufkochen, dann bei reduzierter Temperatur weitergaren. Das Hähnchen ist gar, wenn beim Hineinstechen mit einem Holzspieß keine Flüssigkeit mehr austritt.

Das Hähnchen im Sud abkühlen und über Nacht ruhen lassen. Kalt in Scheiben schneiden und wieder in die Sauce geben. Im Backofen erwärmen und servieren.

POLLASTRE AMB ESCAMARLANS

POLLO CON CIGALAS
HÄHNCHEN MIT MEERESFRÜCHTEN

Die Verbindung von Meeresfrüchten mit Fleisch, Geflügel oder Gemüse aus dem Landesinnern auf dem Teller wird mar i muntanya *– Meer und Berg – genannt. Diese Rezepte sind so typisch für Katalonien! Wir verdanken diese Gerichte der Experimentierfreude katalanischer Köche, und wer sie probiert, wird so manche angenehme Überraschung erleben. Schokolade wird übrigens seit ihrer Einführung aus Amerika in der katalanischen Küche verwendet.*

Für 4 Personen | **Zubereitung:** 20 Minuten | **Koch- und Bratzeit:** 40 Minuten

ZUTATEN

Für das Hähnchen

1 küchenfertiges Hähnchen (1–1,5 kg)
Salz und Pfeffer
100 ml Olivenöl
1 Zwiebel, fein gewürfelt
2 reife Tomaten, gehäutet, entkernt und gewürfelt
1 Lorbeerblatt
125 ml halbtrockener Weißwein
250 ml Geflügelbrühe

Für die *picada*

10 abgezogene Mandeln
3–4 Safranfäden
1 EL geriebene Zartbitterschokolade
1 EL Paniermehl
2 cl Cognac
1 EL gehackte glatte Petersilie
8 große Kaisergranate (alternativ Hummer oder Langusten)
Salz und Pfeffer

ZUBEREITUNG

Das Hähnchen zerteilen. Mit Salz und Pfeffer würzen und in einer Kasserolle in etwas Olivenöl bei hoher Temperatur anbraten.

Die Zwiebel zugeben und glasig werden lassen. Dann Tomaten, Lorbeer, Weißwein und Brühe zufügen und alles 10–15 Minuten kochen.

Das übrige Olivenöl mit den Zutaten für die *picada* – außer den Meeresfrüchten – in einem Mörser zu einer Paste verarbeiten und zum Hähnchen geben, gut unterrühren und alles nochmals aufkochen.

Dann die Kaisergranate zugeben und 5–8 Minuten im Sud ziehen lassen. Mit Salz und Pfeffer abschmecken und in der Kasserolle servieren.

ANEC AL FORN AMB PRUNES I PINYONS

PATO AL HORNO CON CIRUELAS Y PIÑONES
ENTE AUS DEM OFEN MIT DÖRRPFLAUMEN UND PINIENKERNEN

In der Gegend um Barcelona wird viel Ente gegessen, und sehr gute Enten kommen aus dem Penedès. Entengerichte wie dieses mit Pflaumen, Pinienkernen und Zimt bekommt man hier das ganze Jahr über, auch wenn die Zutaten etwas weihnachtlich anmuten.

Für 4 Personen | **Zubereitung:** 25 Minuten | **Bratzeit:** 1 Stunde 50 Minuten

ZUTATEN

1 küchenfertige Ente (1,5 kg)
Salz
frisch gemahlener schwarzer Pfeffer
20 ml Olivenöl
2–3 Knoblauchzehen, ungeschält
1 Zwiebel, gewürfelt
1 Karotte, gewürfelt
1 kleine Stange Porree, in Ringe geschnitten
1 Lorbeerblatt
1 Zweig Thymian
1 Zimtstange
100 ml Weißwein
10 cl Cognac
2 Tomaten, gehäutet, entkernt und gewürfelt
12 Dörrpflaumen ohne Stein
40 g Pinienkerne

ZUBEREITUNG

Den Backofen auf 180 °C (Umluft 160 °C) vorheizen. Die Ente salzen und pfeffern. In einem großen Bräter im Olivenöl mit dem Knoblauch bei hoher Temperatur rundum anbräunen. Zwiebel, Karotte und Porree sowie Kräuter und Zimt zufügen, etwas Wasser angießen. Im vorgeheizten Ofen auf der mittleren Schiene garen, dabei hin und wieder mit Bratenflüssigkeit und eventuell zusätzlichem Wasser übergießen.

Nach 1 Stunde zuerst den Wein, dann den Cognac hinzufügen und die Flüssigkeit reduzieren. Dann die Tomaten hinzufügen. Nach weiteren 30 Minuten die Ente und das Gemüse aus dem Bräter nehmen. Das Gemüse mit Sud (ohne Knoblauch) durch ein Sieb passieren. Mit den Dörrpflaumen und den Pinienkernen wieder in den Bräter geben. Die Ente vierteln und ebenfalls wieder zugeben, weitere 10 Minuten garen. Auf einer großen Platte anrichten und dazu frittierte Kartoffeln servieren.

CARGOLS AMB SOBRASSADA

CARACOLES CON SOBRASSADA
SCHNECKEN MIT PAPRIKAWURST

Diese Zubereitungsmethode stammt aus Mallorca.
In unserem Gericht werden die Schnecken vorgekocht.

Für 4 Personen | **Zubereitung:** 15 Minuten | **Kochzeit:** 1 Stunde 20 Minuten

ZUTATEN

1 kg Bänderschnecken
1 Lorbeerblatt
2–3 Zweige Rosmarin
5–6 Fenchelspitzen
1 Zwiebel, gewürfelt
Olivenöl zum Braten
4 große reife Tomaten, gehäutet, entkernt und gewürfelt
3–4 Scheiben Serrano-Schinken, fein geschnitten
Salz
frisch gemahlener schwarzer Pfeffer
100 g Sobrassada (mallorquinische Streichwurst), zerzupft
1 Knoblauchzehe, gehackt
1–2 getrocknete kleine Chilischoten (*guindillas*), zerbröselt
3–4 Stängel glatte Petersilie, gehackt
1 kleine rote Paprika, gegrillt, gehäutet und gewürfelt
200 ml Weißwein
1 EL geriebene Zartbitterschokolade

ZUBEREITUNG

Die Schnecken unter fließendem Wasser reinigen und in einen Topf geben. Lorbeer, Rosmarin und Fenchel zugeben und alles mit Wasser bedecken. Bei mittlerer Temperatur etwa 1 Stunde kochen. Währenddessen in einer Kasserolle die Zwiebel in Olivenöl glasig werden lassen. Tomaten und Schinken zugeben und mit Salz und Pfeffer abschmecken. Werden die Tomaten weich, mit der Sobrassada zu einer homogenen Mischung verrühren.

Im Mörser aus Knoblauch, Chilischote und Petersilie eine *picada* rühren, mit etwas Kochwasser von den Schnecken verdünnen und zum Gemüse geben. Die Paprika unterrühren. Die gekochten Schnecken, den Wein und die Schokolade zugeben und alles nochmals etwa 20 Minuten köcheln. Mit Weißbrot servieren.

LLOM DE CERDO AMB FIGUES

SOLOMILLO DE CERDO CON HIGOS
SCHWEINELENDE MIT FEIGEN

Fleisch war früher in Spanien wie in Deutschland ein Feiertagsessen. Eines der einfacheren, aber dennoch gehobeneren Gerichte ist Schweinelende mit Feigen und Pedro-Jiménez-Sauce.

Für 4 Personen | **Zubereitung:** 15 Minuten | **Koch-, Brat- und Backzeit:** 55 Minuten

ZUTATEN

Für die Beilage

1 EL Rosinen
8 Dörrfeigen oder Dörrpflaumen ohne Stein, halbiert
Sherry zum Einlegen

Für die Schweinelende

1 kg Schweinelende
Olivenöl zum Braten
125 ml süßer Sherry (z. B. von Pedro Jiménez)
1 große Zwiebel, in dünne Viertelringe geschnitten
Salz
1 EL Mehl
150–200 ml heiße Hühnerbrühe
frisch gemahlener schwarzer Pfeffer
Meersalzflocken
3–4 kleine Zweige Thymian

DIE BEILAGEN VORBEREITEN

In einer Schüssel Rosinen und Trockenobst in süßem Sherry einlegen und beiseitestellen.

DIE SCHWEINELENDE BACKEN

Den Backofen auf 170 °C (Umluft 150 °C) vorheizen. Die Schweinelende von allen Häuten, Sehnen und Fett befreien, die Spitzen abschneiden und anderweitig verwenden. Das Fleisch in vier gleich große Stücke schneiden. In einer ofenfesten Pfanne die Schweinelende in Olivenöl bei hoher Temperatur von allen Seiten kräftig anbraten und dann abgedeckt im vorgeheizten Backofen auf der mittleren Schiene 15–20 Minuten fertig garen.

DIE SAUCE ZUBEREITEN

Den Bratensatz in der Fleischpfanne mit dem Sherry lösen. In einer weiteren Pfanne die Zwiebel mit etwas Salz in Olivenöl bei mittlerer Temperatur karamellisieren. Wenn die Zwiebeln leicht karamellisiert sind, das Mehl unterrühren und noch 1 Minute weiterköcheln, dann den Sherry-Sud zugeben und alles aufkochen. Das eingeweichte Obst zufügen und die Flüssigkeit etwas reduzieren. Die Hühnerbrühe angießen und alles etwa 15 Minuten zu einer sämigen Sauce einkochen, mit Salz und Pfeffer abschmecken.

ANRICHTEN

Die Schweinelende pfeffern und in Scheiben auf vorgewärmten Tellern anrichten. Die Sauce angießen und das Obst auf dem Fleisch verteilen. Mit Meersalzflocken und Thymianzweigen dekorieren und mit Kartoffeln servieren.

PEUS DE PORC AMB BOLETS

PIES DE CERDO CON SETAS
MIT PILZEN GEFÜLLTE SCHWEINSFÜSSE

Früher einmal hieß es, vom Schwein verwende man ALLES, und das war durchaus wörtlich zu nehmen. Nichts wurde weggeworfen. Die Borsten, die Schnauze, die Innereien, alles wurde für irgendetwas verwendet. Selbst die Füße, die ein leckeres Gericht abgeben – es gibt unterschiedlichste Rezepte, wie man sie zubereiten kann.

Für 8 Personen | **Zubereitung:** 40 Minuten | **Kochzeit:** 2 Stunden 10 Minuten

ZUTATEN

Für die Schweinsfüße

8 Schweinsfüße vom Metzger
1 Zwiebel, gehackt
1 Lorbeerblatt
1 Gewürznelke
5 schwarze Pfefferkörner
1 Bund Suppengrün, in grobe Stücke geschnitten
Salz und Pfeffer
Olivenöl zum Braten

Für Sauce und Füllung

1 Zwiebel, gewürfelt
150 ml Cava
2 Tomaten, gehäutete, entkernt und gewürfelt
Salz
1 EL Mehl
1 kg frische Waldpilze, geputzt und gewürfelt
Olivenöl zum Braten
12 gehäutete Mandeln, gehackt
12 Haselnusskerne, gehackt
1 EL glatte Petersilienblätter
1 Knoblauchzehe
Pfeffer

DIE SCHWEINEFÜSSE GAREN

Die Schweinsfüße gründlich waschen. In einem Topf mit reichlich Wasser mit Zwiebel, Lorbeerblatt, Gewürznelke, Pfefferkörnern, Suppengrün und etwas Salz aufkochen und 1 ½ – 2 Stunden garen. Danach das Fleisch aus der Brühe nehmen, abkühlen lassen und vorsichtig die Knochen entfernen. Das Fleisch würzen und in einer Pfanne in Olivenöl kräftig anbraten, beiseitestellen. Die Brühe abseihen und für später aufbewahren.

DIE SAUCE UND DIE FÜLLUNG ZUBEREITEN.

In einem Topf die Zwiebel in Olivenöl bei geringer Temperatur andünsten. Wenn sie beginnt Farbe anzunehmen, nach und nach den Cava angießen, die Flüssigkeit reduzieren und die Zwiebel weich werden lassen. Die Tomaten zufügen und weichköcheln, die Sauce mit Salz abschmecken.

In einer Pfanne die mit dem Mehl bestäubten Pilze in etwas Olivenöl bei hoher Temperatur kräftig anbraten. Die Schweinsfüße mit den Pilzen füllen, in die Pfanne stellen und mit der Sauce übergießen. Etwas von der Brühe angießen und alles bei geringer Temperatur 10 Minuten köcheln.

Mandeln, Nüsse, Petersilie und Knoblauch in einem Mörser gründlich zerstoßen und über dem Gericht verteilen. Nochmals 10 Minuten köcheln, mit Salz und Pfeffer abschmecken und servieren.

SECRETO IBÉRICO

SECRETO IBÉRICO
»VERSTECKTES« FILET

Eine Delikatesse, die gar nicht so weit verbreitet ist, aber echte Begeisterung hervorruft, ist das secreto ibérico *oder* presa ibérica. *Es ist ein fächerförmiger Muskel, der sich zwischen Rücken und Lendenspeck des Schweins befindet. Je nachdem, wie das Schwein tranchiert wird, ist das Lendenstück zwischen den Fettschichten kaum sichtbar, daher nennt man es »geheimes« Filet. Es hat eine starke und geschmacksintensivierende Fettmarmorierung.*

Für 4 Personen | **Zubereitung:** 10 Minuten | **Ruhezeit:** 12 Stunden

ZUTATEN

4 *secretos* oder 2 Fächer vom *secreto*
Kräuter nach Geschmack, z. B. Rosmarin, Thymian etc.
1 Knoblauchzehe, in Scheiben geschnitten
etwas Olivenöl
Fleur de Sel

ZUBEREITUNG

Das *secreto ibérico* mit Kräutern, Knoblauch und Olivenöl über Nacht einlegen, dann bei hoher Hitze medium grillen und in feine Streifen schneiden. Mit Meersalzflocken bestreuen und genießen. Als Beilage passen hervorragend *pimientos de padrón* (siehe Seite 34) oder anderes gebratenes Gemüse und frittierte Kartoffeln.

TIPP

Am besten ist das *secreto* von den einjährigen reinrassigen iberischen Schweinen, die sich halbwild drei Monate lang in der Dehesa von *belloras* (Eicheln) ernähren.

CONILL AMB CARGOLS O NÍSCALOS

CONEJO CON CARACOLES O ROVELLONES
KANINCHEN MIT SCHNECKEN ODER REIZKERN

Die katalanischen Pilzgerichte, oft nach alten Familienrezepten, sind ebenso zahlreich wie wohlschmeckend. In diesem verbinden sich Pilz und Kaninchen in üppiger Sauce zu aromatischem Hochgenuss.

Für 4 Personen | **Zubereitung:** 35 Minuten | **Koch- und Bratzeit:** 1 Stunde 15 Minuten

ZUTATEN

1 Kaninchen, zerteilt
Salz
frisch gemahlener schwarzer Pfeffer
1 EL Mehl
Olivenöl zum Braten
1 Karotte, gewürfelt
1 große Zwiebel, gewürfelt
1 grüne Paprikaschote, gewürfelt
1 kleine reife Tomate, gehäutet, entkernt und gewürfelt
2 Knoblauchzehen, ungeschält
125 ml Rotwein
1 TL getrockneter Majoran
1 EL gehacktes Basilikum
1 EL gehackte glatte Petersilie
1 Kaninchenleber
4 Haselnusskerne
4 Mandeln
500 g Schnecken
Essig
gemischte frische Kräuter

ZUBEREITUNG

Das Kaninchen salzen, pfeffern und mit Mehl bestäuben. In einer großen Kasserolle in Olivenöl bei hoher Temperatur rundum anbraten. Karotte, Zwiebel, Paprikaschote, Tomate und Knoblauch zugeben und alles etwa 30–40 Minuten schmoren, das Fleisch hin und wieder wenden. Wenn das Kaninchen rundum goldbraun angebraten ist, den Rotwein angießen; wird der Pfanneninhalt zu trocken, nach und nach Wasser zugeben. Mit den Kräutern bestreuen.

In einer kleinen Pfanne die Kaninchenleber in etwas Olivenöl bei mittlerer Temperatur 5 Minuten braten. Leber, Nüsse und Mandeln im Mörser zerstoßen und zum Kaninchen in der Kasserolle geben und gut unterrühren. Noch 5–10 Minuten weiterbraten, bis das Fleisch zart und gar ist. Das Kaninchen aus der Sauce nehmen und warm stellen. Die Sauce (ohne den Knoblauch) im Mixer pürieren und durch ein Sieb passieren, wieder in die Kasserolle geben.

Die Schnecken in einer Salz- und Essiglösung waschen, dann gut unter fließendem Wasser abspülen. Die Schnecken mit den Kräutern in einen Topf mit kaltem Wasser geben. Langsam erhitzen und etwa 30 Minuten kochen lassen. Abgießen und anschließend zum Kaninchen geben. Nochmals kurz aufkochen und servieren.

Dazu schmecken ganz einfache Salzkartoffeln wunderbar.

TIPP

Alternativ in einer Pfanne die Edelreizker in Olivenöl bei hoher Temperatur kurz und scharf anbraten. Salzen, pfeffern und mit ihrer Flüssigkeit zur Sauce geben und bei mittlerer Temperatur etwa 10 Minuten darin köcheln, bis sie gar sind. Das Kaninchen auf einer vorgewärmten Platte anrichten, mit der Sauce übergießen und die Reizker anlegen, servieren.

CIVET DE SENGLAR

CIVET DE JABALÍ
SCHWEINEPFEFFER VOM WILDSCHWEIN

Vor allem im Herbst und Winter finden wir in Barcelona auf den Speisekarten viele civet-*Gerichte. Diese Zubereitungsart ist aus dem Mittelalter überliefert. Dabei wurde das Fleisch in Wein, Blut und vor allem vielen Zwiebeln mindestens 24 Stunden mariniert, bevor es geschmort wurde. Besonders wichtig bei der Zubereitung ist hier die* picada.

Für 6 Personen | **Zubereitung:** 30 Minuten | **Brat- und Kochzeit:** : 2 Stunden 40 Minuten | **Marinierzeit:** 2 Tage

ZUTATEN

Für das Fleisch und die Sauce

1,5 kg Wildschweinfleisch
Salz und Pfeffer
2 große Zwiebeln, grob geschnitten
2 Karotten, grob geschnitten
1 Stängel Staudensellerie
Knoblauchzehe, fein geschnitten
2 Lorbeerblätter, 1 Nelke
2 Zweige Thymian
12 ganze schwarze Pfefferkörner
1–2 Flaschen Rotwein
150 g Speck, gewürfelt
Olivenöl zum Braten
2 EL Mehl
1 kleines Glas Cognac
Fleischbrühe

Für die *picada*

1 Scheibe trockenes Baguette
4–5 Stängel glatte Petersilie
1 kleine Knoblauchzehe, gewürfelt
5 Mandeln, gehackt
5 Haselnusskerne, gehackt
1 EL Pinienkerne
1 EL Zartbitterschokolade, gerieben

DAS FLEISCH SCHMOREN

Das Fleisch würfeln, salzen und pfeffern. In einer großen Schüssel das Fleisch, Gemüse, Knoblauch und Gewürze mit dem Rotwein übergießen, sodass alles gut bedeckt ist. Das Fleisch abgedeckt 24–48 Stunden an einem kühlen Ort marinieren, dabei hin und wieder wenden und umrühren. Danach das Fleisch und das Gemüse aus der Marinade nehmen, abtropfen lassen und beiseitestellen. Die Marinade bei hoher Temperatur auf ein Viertel reduzieren.

In einem großen Topf den Speck in Olivenöl bei mittlerer Temperatur goldbraun anbraten. Aus dem Topf nehmen und beiseitestellen.

Das Fleisch mit Mehl bestäuben und in Olivenöl bei hoher Temperatur kräftig anbraten, mit dem Cognac ablöschen. Die Zwiebeln und die Karotten aus der Marinade klein schneiden und mit dem Fleisch weiterbraten. Die Marinade durch ein Sieb zum Fleisch geben. Bei Bedarf mit Brühe aufgießen, bis das Fleisch bedeckt ist.

Lorbeerblätter und Thymianzweige aus der Marinade mit dem Selleriegrün fest zu einem Sträußchen binden und mit den Speckwürfeln zum Fleisch geben. Bei geringer Temperatur unter Rühren 2–2½ Stunden köcheln. Nach 2 Stunden das Kräutersträußchen entfernen.

DIE *PICADA* ZUBEREITEN

Für die *picada* das Baguette würfeln, die Petersilie hacken. In einem Mörser alle Zutaten zerstampfen und mit etwas Fleischsauce vermischen. 10 Minuten vor Ende der Garzeit in die Sauce geben. In einer vorgewärmten Schüssel servieren, dazu schmecken Kartoffelpüree oder Gemüse nach Belieben.

CAL MANELET

ARRÒS AMB CONILL

ARROZ CON CONEJO
REIS MIT KANINCHEN

In der Gegend um Barcelona wird viel Kaninchen gegessen, und am besten schmecken die Gerichte natürlich mit Wildkaninchen. In vielen Restaurants auf dem Land wird Reis mit Kaninchen noch um Bänderschnecken bereichert, ebenfalls eine beliebte katalanische Speise.

Für 4 Personen | **Zubereitung:** 30 Minuten | **Brat- und Kochzeit:** 1 Stunde

ZUTATEN

1 Kaninchen vom Metzger
100 ml Olivenöl
Salz
frisch gemahlener schwarzer Pfeffer
1 Zwiebel, fein gewürfelt
3 große reife Tomaten, gehäutet, entkernt und gewürfelt
1 Knoblauchzehe, ungeschält
1 grüne Paprika, fein gewürfelt
2 Artischockenherzen aus dem Glas
200 g Erbsen (frisch oder TK)
300 g Rundkornreis
4–5 Stängel glatte Petersilie, die Blätter abgezupft
4–6 Safranfäden

ZUBEREITUNG

Das Kaninchen zerteilen und in etwa 2 cm × 2 cm große Stücke schneiden. In einer Kasserolle in gut der Hälfte des Olivenöls bei hoher Temperatur rundum anbraten, salzen und pfeffern und aus der Kasserolle nehmen. In der Kasserolle Zwiebel, Tomaten, Knoblauchzehe und Paprika in etwas Olivenöl bei mittlerer Temperatur andünsten und die Flüssigkeit etwas einkochen lassen. Die Fleischstücke wieder zugeben und 1 l Wasser angießen, etwa 20 Minuten köcheln. Dann Artischockenherzen, Erbsen und Reis zufügen und alles weitere 20 Minuten garen, eventuell noch etwas Wasser angießen.

Währenddessen Petersilienblätter und Safran mit dem restlichen Olivenöl im Mörser zerstoßen. 5 Minuten vor Ende der Garzeit von Kaninchen und Reis unterrühren und nochmals mit Salz und Pfeffer abschmecken.

ESCUDELLA I CARN D'OLLA

ESCUDELLA I CARN D'OLLA
KATALANISCHER FLEISCHEINTOPF

Die escudella *ist der wohl »katalanischste« und komplexeste Eintopf, den ich kenne. Wegen seines Gehalts und weil er ein wenig aufwendiger zuzubereiten ist, wird er in der Regel nur zu Weihnachten gekocht. Eine gute* escudella *in einem einfachen Restaurant zu bekommen ist so gut wie unmöglich. Manche guten Restaurants bieten diesen Eintopf anstelle eines kompletten Menüs zur Weihnachtszeit an. Mein Freund Marc Robles i Montes macht sich die Arbeit etwas leichter: Er hat sich von seiner Großmutter mehrere Baumwollbeutel nähen lassen, in denen er jeweils die Bestandteile des Eintopfs in den großen Topf hängt, kocht und sie so entnehmen und getrennt servieren kann. Katalanischer Erfindungsgeist!*

Für 6–8 Personen | **Zubereitung:** 25 Minuten | **Kochzeit:** 2 Stunden 40 Minuten | **Einweichzeit:** 12 Stunden

ZUTATEN

Für die *pilotas*

300 g gemischtes Hackfleisch
1 Knoblauchzehe, fein gewürfelt
3–4 Stängel glatte Petersilie, fein gehackt
150 g Dörrfleisch, fein geschnitten
1 Ei
1 kleines altbackenes Brötchen, in Milch eingeweicht und ausgedrückt
Salz
frisch gemahlener schwarzer Pfeffer
1 Msp. Zimt

Fortsetzung siehe rechte Seite

DEN *PILOTA*-TEIG VORBEREITEN

In einer Schüssel das Hackfleisch mit Knoblauch, Petersilie, Dörrfleisch, Ei und Brötchen zu einem homogenen Teig verarbeiten, mit Salz, Pfeffer und Zimt abschmecken und in den Kühlschrank stellen.

DIE *ESCUDELLA* KOCHEN

Das gesamte Fleisch und die Knochen in einem sehr großen Topf mit 5 l Wasser und den Hülsenfrüchten aufkochen. Salzen und etwa 1 Stunde bei mittlerer Temperatur zugedeckt kochen, dabei regelmäßig abschäumen. Währenddessen das Gemüse putzen und grob zerkleinern, den Weißkohl vierteln. Bis auf Kartoffeln und Weißkohl alles in den Topf zum Fleisch geben und das Ganze weitere 45 Minuten zugedeckt kochen.

Aus dem Hackfleisch einen Laib formen und mit den Kartoffeln in den Topf geben und alles weitere 20 Minuten kochen. Den Weißkohl zugeben und nochmals 10 Minuten kochen. Anschließend die Würste zugeben und 5 Minuten ziehen lassen. Mit Salz abschmecken.

DEN EINTOPF ANRICHTEN

Aus dem Topf Brühe schöpfen und die Nudeln darin bissfest garen. Währenddessen Fleisch und Gemüse in der übrigen Brühe warm halten. Fleisch und *pilota* aufschneiden und mit der Wurst auf einer vorgewärmten Platte anrichten. Gemüse, Kartoffeln und Hülsenfrüchte dazu servieren.

Für die *escudella*

500 g Rindfleisch
200 g Schweineschnauze und / oder -ohren vom Metzger
½ Schweinefuß
1 großer Kalbsknochen vom Metzger
½ Hähnchen
100 g Dörrfleisch
200 g getrocknete weiße Bohnen, über Nacht eingeweicht
200 g getrocknete Kichererbsen, über Nacht eingeweicht
Salz
2 Karotten
1 kleine weiße Rübe
½ Stange Porree
1 Zwiebel
1 Selleriestange
1 Pastinake
8 festkochende Kartoffeln
1 kleiner Weißkohl
je 1 Butifarra blanca und negra (keine Blutwurst!), die Haut eingestochen

250 g *gallets* (große muschelförmige Nudeln)

CANELONS D'ESTIL CATALÀ

CANELONES AL ESTILO CATALÁN
CANNELLONI AUF KATALANISCHE ART

Canelones *sollen im Jahr 1815 zum ersten Mal schriftlich erwähnt worden sein und sind seitdem aus der katalanischen Küche nicht mehr wegzudenken. Vor allem zur Weihnachtszeit sind sie seit Generationen eines der Weihnachtsessen schlechthin.*

Für 6 Personen | **Zubereitung:** 35 Minuten | **Brat-, Koch- und Backzeit:** 50 Minuten

ZUTATEN

Für die Füllung

1 Hähnchenbrustfilet, gewürfelt
200 g Hähnchenleber, gewürfelt
500 g gemischtes mageres Hackfleisch
1 große Zwiebel, gewürfelt
1 kleine Stange Porree, in Ringe geschnitten
1 Knoblauchzehe, gewürfelt
1 Lorbeerblatt
Olivenöl zum Braten
3 reife Tomaten, gehäutet, entkernt und gewürfelt
100 ml Süßwein
2 EL Paniermehl
Salz
frisch gemahlener schwarzer Pfeffer

Fortsetzung siehe rechte Seite

DIE FÜLLUNG ZUBEREITEN

In einer großen Pfanne mit hohem Rand Hähnchenfilet, Leber, Hackfleisch, Zwiebel, Porree und Knoblauch mit dem Lorbeerblatt in Olivenöl bei hoher Hitze scharf anbraten, bis alles beginnt, Farbe anzunehmen. Die Tomaten zugeben und die Flüssigkeit reduzieren. Den Süßwein zugeben und alles bei geringer Temperatur zugedeckt 15 Minuten weiterköcheln.

Die Pfanne vom Herd ziehen und, falls die Mischung zu flüssig ist, das Paniermehl untermischen. Mit Salz und Pfeffer würzen.

DIE *CANELONES* VORBEREITEN

Die Teigplatten nach Packungsanleitung in Wasser mit einem Schuss Olivenöl al dente vorkochen. Unter kaltem Wasser abschrecken und die Platten auf einem sauberen Küchentuch ausbreiten.

DIE BÉCHAMELSAUCE KOCHEN

In einem Topf die Butter bei mittlerer Temperatur zerlassen, das Mehl unterrühren und anschwitzen. Unter ständigem Rühren Brühe und Milch zugeben und alles aufkochen. Bei reduzierter Temperatur 10 Minuten fertig köcheln. Mit Thymian, Petersilie, Muskatnuss, Salz und Pfeffer abschmecken.

DIE *CANELONES* FERTIGSTELLEN

Den Backofen auf 200 °C (Umluft 180 °C) vorheizen. Auf jede Teigplatte 1 ½ EL von der Fleischfüllung geben. Zu Rollen formen und nebeneinander in eine gefettete Auflaufform legen. Die Béchamelsauce darübergießen und alles mit geriebenem Käse bestreuen. Butterflöckchen daraufsetzen und im vorgeheizten Ofen auf der mittleren Schiene etwa 15 Minuten gratinieren.

Für die *canelones* und die Béchamelsauce

24 Teigplatten für *canelones* / Cannelloni
Olivenöl
50 g Butter plus Butterflöckchen
60 g Mehl
500 ml Brühe
500 ml Milch
1 Msp. gemahlener Thymian
1 TL getrocknete Petersilie
1 Msp. frisch geriebene Muskatnuss
Salz
frisch gemahlener schwarzer Pfeffer
Fett für die Form
100 g geriebener Käse (z. B. Emmentaler)

Der Blick von der Basílica de Santa Maria del Mar zeigt uns die engen Gassen des Born/La Ribera.

Oh ja – unsere Desserts! Die Nachspeisen der Region sind in der Regel sehr süß und immens kalorienreich. Für die einen sind sie das Paradies auf Erden und für die anderen das Tor zum Fegefeuer. Diät ist etwas anderes! Aber auch für mich, der ich nicht unbedingt ein Fan von allzu Süßem bin, gibt es einige feine, weniger süße Nachspeisen.

DESSERTS

CREMA CATALANA

CREMA CATALANA
CREMA CATALANA

Eine der bekanntesten Versuchungen ist sicherlich die crema catalana. *Seit Jahrhunderten wird dieses Dessert insbesondere, aber nicht nur, zu San José am 19. März zubereitet. Charmanterweise hat Anfang des 20. Jahrhunderts ein berühmter Franzose in seinem Kochbuch vergessen zu erwähnen, wo er seine Crème brulée zum ersten Mal genossen hat. So hat diese Nachspeise zwei Namen. Ursprünglich wurden spezielle Eisen im Feuer rotglühend erhitzt und diese kurz über die Creme gehalten, bis der Zucker zur herrlich knusprigen Schicht schmolz. Es geht aber auch unter dem Backofengrill oder noch schneller mit einem kleinen Gasbrenner.*

Für 4 Personen | **Zubereitung:** 10 Minuten | **Kochzeit:** 10 Minuten | **Kühlzeit:** 5 Stunden

ZUTATEN

200 g Zucker
4 Eigelb
1 EL Speisestärke
abgeriebene Schale von
½ Bio-Zitrone oder Bio-Orange
1 Zimtstange
500 ml Milch

ZUBEREITUNG

In einem Topf 150 g Zucker mit dem Eigelb schaumig schlagen. Dann die Speisestärke, die Zitronenschale und die Zimtstange zugeben und die Milch angießen. Die Zutaten unter Rühren auf mittlerer Stufe langsam erhitzen, bis die Creme beginnt zu stocken.

Die Zimtstange entfernen und die Creme auf vier feuerfeste Tonschälchen verteilen, abkühlen lassen und 4–5 Stunden in den Kühlschrank stellen. Vor dem Servieren den übrigen Zucker auf der Creme verteilen und mit einem kleinen Gasbrenner schmelzen und bräunen. Sofort servieren.

In Barcelona werden zur *crema catalana* gerne Orangenfilets gereicht.

FLAN

FLAN DE HUEVOS
EIERPUDDING

Flan ist wohl eines der bekanntesten und beliebtesten Desserts in ganz Spanien, auch in den Restaurants.

Für 6 Personen | **Zubereitung:** 15 Minuten | **Kochzeit:** 50 Minuten | **Ruhezeit:** 30 Minuten | **Kühlzeit:** 4 Stunden

ZUTATEN

300 g Zucker
1 TL Zitronensaft
500 ml Milch
1 Vanilleschote
(alternativ 1 Zimtstange)
4 große Eier
2 Eigelb

ZUBEREITUNG

In einem Topf 150 g Zucker mit 4 EL Wasser und dem Zitronensaft goldbraun karamellisieren, ohne ihn anbrennen zu lassen. In sechs Flan-Förmchen je 1 EL Karamell geben und durch Schwenken gut verteilen.

In einem weiteren Topf die Milch langsam auf mittlerer Stufe erhitzen, das Vanillemark aus der Schote kratzen und samt der Schote in die Milch geben. Kurz vor dem Kochen vom Herd nehmen, abdecken und 30 Minuten ruhen lassen.

Den Backofen auf 160 °C Ober-/Unterhitze (Umluft nicht geeignet) vorheizen. In einer Schüssel Eier, Eigelb und 150 g Zucker leicht schaumig schlagen und mit der erkalteten Vanillemilch (ohne die Vanilleschote) gut verrühren. Die Creme vorsichtig in die Förmchen gießen und im vorgeheizten Backofen in einem Wasserbad 40 Minuten fest werden lassen. Sobald die Creme gestockt ist, aus dem Ofen nehmen und etwas abkühlen lassen. Die Förmchen mit Frischhaltefolie abdecken und die Creme im Kühlschrank mindestens 4 Stunden erkalten lassen. Den Flan vorsichtig mit einem Messer aus den Formen lösen, auf Teller stürzen und servieren.

MEL I MATÓ

MEL I MATÓ
HONIG UND FRISCHKÄSE

Mató *ist ein feiner, salzloser, aber leicht pikanter Ziegenfrischkäse aus den katalanischen Pyrenäen. Mit ihm wird ein klassisches Dessert zubereitet:* mel i mató, *Honig und Frischkäse. Da* mató *in Deutschland nicht so leicht zu bekommen ist, hier ein Rezept mit leicht veränderten Zutaten.*

Für 4 Personen | **Zubereitung:** 10 Minuten | **Kochzeit:** 10 Minuten | **Kühlzeit:** 6 Stunden

ZUTATEN

2 l Milch
Schale von 1 Bio-Zitrone, in einem breiten Streifen abgeschält
20 g Lab aus der Apotheke (alternativ Essig)
Honig
Walnusskerne
Pinienkerne oder frisches Obst der Saison

ZUBEREITUNG

In einem Topf die Milch mit der Zitronenschale 10 Minuten kochen und anschließend auf 70 °C abkühlen lassen. Das Lab in ein wenig Wasser auflösen und nach und nach 4 EL der Flüssigkeit (oder des Essigs) in die Milch geben, bis diese gerinnt. Die Zitronenschale entfernen und 4–5 Stunden abkühlen lassen.

Je nach gewünschter Konsistenz des Frischkäses flüssige Molke abgießen oder beim Frischkäse belassen. Den Frischkäse in ein Sieb geben und gut abtropfen lassen. Danach in Förmchen füllen und wieder kühl stellen, bis sich der Käse gesetzt hat und fester geworden ist. Zum Servieren auf einen Teller stürzen, mit Honig beträufeln und mit Nüssen und Pinienkernen und/oder frischem Obstsalat servieren.

TORRADETES DE SANTA TERESA

TORRIJAS CON VINO
ARME RITTER MIT WEIN

Diese Nachspeise könnte man mit Armen Rittern vergleichen. In Barcelona wird diese traditionelle Nachspeise vor allem in der semana santa, *der Karwoche, serviert.*

Für 4 Personen | **Zubereitung:** 15 Minuten | **Koch- und Backzeit:** 25 Minuten

ZUTATEN

1 l Milch
1 Vanilleschote
2 Zimtstangen
250 g Zucker
Schale von ½ Bio-Zitrone, in einem Streifen abgeschält
100 ml Wein plus Wein zum Beträufeln
3 Eier
Olivenöl zum Backen
1 kleines altbackenes Kastenweißbrot, in dicke Scheiben geschnitten
Zimtzucker

ZUBREITUNG

Die Milch in einen Topf füllen. Das Mark aus der Vanilleschote kratzen und mit der Schote zugeben. Die Milch mit Vanillemark und -schote, Zimtstangen, Zucker und Zitronenschale aufkochen. Den Topf vom Herd nehmen, die Milch abkühlen lassen und durch ein Sieb in eine Schüssel gießen. Den Wein einrühren. In einer weiteren Schüssel die Eier schaumig schlagen.

In einer großen Pfanne Olivenöl auf mittlerer Stufe erhitzen. Die Brotscheiben in die Milchmischung tauchen und durch die verquirlten Eier ziehen. Im heißen Olivenöl auf jeder Seite 2–3 Minuten backen. Auf Küchenpapier abtropfen lassen und dick mit Zimtzucker bestäuben. Kurz vor dem Servieren noch mit etwas Wein beträufeln.

POMA AL FORN

MANZANA ASADA EN HOJALDRE
BRATÄPFEL IM BLÄTTERTEIG MIT JOHANNISBEERSAUCE

*Auch in Spanien werden seit jeher Bratäpfel gegessen.
Diese Bratäpfel in Blätterteig mit einer Johannisbeersauce, die man hier im Herbst und Winter bekommt,
sind sehr leicht zuzubereiten und schmecken dabei einfach fantastisch.*

Für 4 Personen | **Zubereitung:** 20 Minuten | **Koch- und Backzeit:** 20 Minuten

ZUTATEN

Für die Äpfel

30 g weiche Butter
60 g Zucker
plus Zucker für den Teig
80 g geschälte Mandeln, gehackt
1 EL Rosinen
½ TL gemahlener Zimt
4 Äpfel (am besten Renetten)
400 g Blätterteig

Für die Johannisbeersauce

30 g Zucker
3 EL Schwarze-Johannisbeer-Marmelade
1 EL Speisestärke
1 TL Zitronensaft
1 EL Schwarze Johannisbeeren

DIE ÄPFEL BACKEN

Den Backofen auf 200 °C (Umluft 180 °C) vorheizen. In einer kleinen Schüssel Butter, Zucker, Mandeln, Rosinen und Zimt mischen. Die Äpfel schälen und die Kerngehäuse ausstechen. Mit der Nuss-Rosinen-Mischung füllen.

Den Blätterteig ausrollen und in etwa 2 cm breite Streifen schneiden. Zucker auf einen flachen Teller geben und die Äpfel darin wälzen. Mit den Blätterteigstreifen von unten nach oben etwas überlappend umwickeln, oben sollte noch eine Öffnung bleiben. Die Äpfel in eine Auflaufform setzen und im vorgeheizten Ofen auf der mittleren Schiene etwa 20 Minuten backen, bis der Blätterteig goldbraun ist.

DIE JOHANNISBEERSAUCE KOCHEN

Währenddessen in einem Topf den Zucker, die Marmelade und 100 ml Wasser auf mittlerer Stufe langsam unter Rühren erhitzen. Die Speisestärke in 50 ml Wasser einrühren und zu der kochenden Mischung geben, bei reduzierter Temperatur weitere 5 Minuten köcheln. Den Zitronensaft zugeben. Die Schwarzen Johannisbeeren 2 Minuten in der Sauce erhitzen.

Die heißen Bratäpfel mit der Sauce servieren.

ABIERTO
OFERTA
0,99
OFERTA
PATATA
0,99

PANELLETS

PANELLETS
MARZIPANKONFEKT

Traditionell wird diese Süßigkeit in den katalanisch sprechenden Ländern zu Allerheiligen am 1. November hergestellt. Überaus reichhaltig, wie sie ist, eignet sie sich in unseren Breiten gut als Weihnachtskonfekt.

Für etwa 25 größere oder 40–50 kleinere Kugeln | **Zubereitung:** 30 Minuten | **Ruhezeit:** 3 Stunden | **Backzeit:** 10 Minuten

ZUTATEN

250 g Zucker
abgeriebene Schale von 1 Bio-Zitrone
250 g gemahlene Mandeln
125 g Pellkartoffeln, gekocht und gepellt
1 Ei
70 g Kokosraspeln
70 g Pinienkerne
50 g ganze geschälte Mandeln

ZUBEREITUNG

In einer Schüssel Zucker, Zitronenschale und gemahlene Mandeln mischen. Die Kartoffeln mit einer Gabel zerdrücken. Das Ei trennen und das Eiweiß beiseitestellen. Die Kartoffeln mit drei Viertel des Eigelbs mischen, das übrige Eigelb beiseitestellen. Die Kartoffeln zur Zuckermischung zufügen. Mit dem Handrührgerät oder einer Küchenmaschine mindestens 1 Minute lang zu einem homogenen Teig verrühren. Sollte er zu weich sein, gemahlene Mandeln zugeben, ist er zu trocken, das übrige Eigelb zugeben. 2–3 Stunden im Kühlschrank ruhen lassen.

Die Hälfte des Teigs mit 50 g Kokosraspeln mischen. Den Teig auf Backpapier ausrollen, in etwa 3 cm × 3 cm große Stücke schneiden und diese zu Kugeln formen. Die Kokos-*panellets* in den übrigen Koksraspeln wälzen und auf ein mit Backpapier belegtes Blech setzen.

Die andere Hälfte des Teigs genauso zubereiten, aber dazu die Pinienkerne verwenden: Die Kugeln mit Eiweiß bepinseln und in den übrigen Pinienkernen wälzen, auf das Blech setzen. Ganze Mandeln auf die *panellets* drücken.

Den Backofengrill auf 150 °C (Umluft 130 °C) vorheizen. Die *panellets* im vorgeheizten Backofen auf der mittleren Schiene 10 Minuten leicht bräunen.

Wie alle Formen von Marzipan trocknen auch die *panellets* leicht aus, daher in einem gut schließenden Gefäß nicht zu lange aufbewahren.

MANTECADO DE ALMEN
sin azúcar
0,40 cent/uni
8,50 e/kg
DULCES Santa Clara
Convento de la Purísima Concepción
SIRUELA
DULCES Santa Clara
Productos Artesanos
EMPANADILLAS DE ALMENDRA
DE NOUS
CEBA
OLIVES
Crocant
Matrimoni

LA VIDA ES DULCE

Wie alle Spanier mögen es die Katalanen süß – ja, ihr *Leben* ist süß. Genau das ist der Eindruck, den die unglaubliche Menge an Konditoreien und Schokoladengeschäften in Barcelona vermittelt. Aus der Fülle der Geschäfte die verlockendsten auszuwählen, ist eine echte Herausforderung, und so mögen die hier genannten als Stellvertreter ihrer ganzen Zunft stehen.

Viele Besucher scheuen ein wenig vor dem Betreten des »Bubó« zurück, denn sie wissen: Wer den Schritt über die Schwelle dieses Schokoladengeschäfts setzt, findet nicht so leicht wieder hinaus. Eine Fülle an Versuchungen hält auch das »Cacao Sampaka« parat, wo lange vor dem Erscheinen des Films »Chocolat« heiße Schokolade mit Chili serviert wurde. Bei »Caelum, delicias y otras tentaciones de Monasterio« (Himmel, Delikates und andere Versuchungen aus dem Kloster) ist der Name Programm: Die Leckereien wurden alle von Nonnen und Mönchen zubereitet.

Und die vielen, vielen klassischen Bäckereien verführen mit allerlei süßem Gebäck nach Traditionsrezepten und wahren Kalorienbomben.

COCA DE SANT JOAN

COCA DE SAN JUAN
JOHANNISKUCHEN

Die Coca de Sant Joan *ist einer der beliebtesten Kuchen in Barcelona und Umgebung. Er wird traditionell vor allem in der Johannisnacht vom 23. auf den 24. Juni gegessen. Es gibt eine Unzahl von Variationen – mit und ohne kandierte Früchte, mit einer Creme aus Eigelb, Zucker, Milch und Vanille, mit Zucker und Pinienkernen, mit Speckwürfeln … entscheiden Sie selbst, welche Ihr Favorit wird.*

Für 1 Kuchen | **Zubereitung:** 20 Minuten | **Zeit zum Gehen:** 45 Minuten | **Backzeit:** 20 Minuten

ZUTATEN

Für den Johanniskuchen

25 g Hefe
100 ml lauwarme Milch
250 g Mehl
100 g Zucker
100 g Butter
2 Eier
1 Prise Salz
½ TL gemahlener Anis
½ TL gemahlener Zimt
abgeriebene Schale von ½ Bio-Zitrone
Fett für das Blech

Für die Dekoration

1 Ei, verquirlt
kandierte Früchte
Pinienkerne
Zucker

ZUBEREITUNG

In einer Schüssel die Hefe in der Milch auflösen und mit 3 EL Mehl zu einem Vorteig verrühren, abgedeckt an einem warmen Ort etwa 15 Minuten gehen lassen.

Wenn der Vorteig sein Volumen verdoppelt hat, mit den übrigen Zutaten vermengen und zu einem glatten Teig verarbeiten. Erneut abgedeckt an einem warmen Ort etwa 15 Minuten gehen lassen, bis sich das Volumen verdoppelt hat.

Den Teig zu einem etwa 1 cm dicken Oval formen und auf ein gefettetes Backblech legen. Mit verquirltem Ei bestreichen und mit den kandierten Früchten belegen. Erneut 15 Minuten gehen lassen, bis sich das Volumen verdoppelt hat. Währenddessen den Backofen auf 180 °C (Umluft 160 °C) vorheizen. Den Kuchen mit Pinienkernen und Zucker bestreuen und im vorgeheizten Ofen auf der mittleren Schiene 20 Minuten backen.

BRAÇ DE GITANO CON CREMA QUEMADA

BRAZO DE GITANO CON CREMA QUEMADA
ZIGEUNERARM

Lädt man in Barcelona Gäste nach Hause zum Essen ein, bringen die Gäste häufig das Dessert mit. Eines der beliebtesten Mitbringsel ist der brazo de gitano. *In Deutschland, wo es keine Mohrenköpfe, Negerküsse oder Zigeunerschnitzel (man verzeihe mir die Nennung dieser Worte) mehr geben darf, wäre der Name dieses Gebäcks längst aus dem Verkehr gezogen, denn er bedeutet wörtlich Zigeunerarm.*

Für 1 Kuchen | **Zubereitung:** 35 Minuten | **Koch- und Backzeit:** 25 Minuten

ZUTATEN

Für die Füllung

1 l Milch
Schale von 1 Bio-Zitrone, in einem Streifen abgeschält
1 Zimtstange
1 TL Vanillezucker
200 g Puderzucker
70 g Maisstärke
6 Eigelb
20 g Butter
Zucker zum Dekorieren

Für den Biskuit

3 Eiweiß
1 Prise Salz
75 g Zucker
1 Pck. Vanillezucker
3 Eigelb
75 g Mehl
1 Pck. Backpulver

DIE FÜLLUNG ZUBEREITEN

In einem Topf 750 ml Milch mit der Zitronenschale, der Zimtstange und dem Vanillezucker unter Rühren aufkochen, vom Herd nehmen und etwas abkühlen lassen.

In einem hohen Gefäß mit einem Schneebesen zunächst den Puderzucker in 250 ml Milch, dann die Maisstärke und zum Schluss das Eigelb einrühren. Aus der inzwischen abgekühlten Milch den Zimt und die Zitronenschale entfernen und die Eigelbmasse einrühren. Die Mischung bei geringer Temperatur im Wasserbad unter ständigem Rühren erwärmen, bis sie beginnt zu stocken. Hat die Creme eine homogene Konsistenz, vom Herd nehmen und die Butter einrühren. Abkühlen lassen.

DEN BISKUITTEIG BACKEN UND DIE ROLLE FORMEN

Den Backofen auf 180 °C (160 °C Umluft) vorheizen. In einer Schüssel Eiweiß mit dem Salz, der Hälfte des Zuckers und dem Vanillezucker schnittfest schlagen.

In einer weiteren Schüssel das Eigelb mit der anderen Hälfte des Zuckers schaumig schlagen. Den Eischnee sehr vorsichtig unter die Eigelbmischung ziehen. Mehl und Backpulver darübersieben und wieder vorsichtig unterheben.

Den Biskuitteig auf ein mit Backpapier belegtes Backblech streichen und im vorgeheizten Backofen 10 Minuten backen. Danach den Teig auf ein sauberes Küchentuch stürzen, die Ränder glatt schneiden. Mit dem Tuch aufrollen und abkühlen lassen.

Vorsichtig wieder entrollen und gleichmäßig etwa 0,5 cm dick mit drei Vierteln der Creme bestreichen, dabei die letzten 3–5 cm der Teigfläche aussparen. Den Teig von der bestrichenen Seite beginnend zu einer Rolle formen. Die beiden Enden mit Creme verschließen und die ganze Rolle dünn mit Creme bestreichen. Mit reichlich Zucker bestreuen und mit einem kleinen Gasbrenner den Zucker rundum wie bei einer Crema catalana schmelzen und karamellisieren.

FIGUES AMB FORMATGE DE CABRA

COLL DE DAMA CON QUESO DE CABRA
ZIEGENKÄSE IM REISTEIG

Oft verzichte ich in den Restaurants auf den Nachtisch, weil ich ihn einfach nicht mehr schaffe oder weil er für meinem Geschmack einfach sehr süß ist. Dennoch gelingt es einigen Köchen, mich mit einem Dessert zu locken. Denn spanische Köche haben als Nachtische oft eine Symbiose aus süß und herzhaft in petto. Übrigens: Die beste aller Feigen Kataloniens heißt delikaterweise »Damenhals«.

Für 4 Personen | **Zubereitung:** 15 Minuten | **Backzeit:** 5 Minuten

ZUTATEN

4 Feigen (möglichst Coll de Dama)
4 kleine Zweige Rosmarin
4 Reisteigblätter, in Wasser eingeweicht (aus dem Asialader)
4 kleine Ziegenkäse (z. B. Cabécou)
Olivenöl zum Braten
etwas Balsamico

ZUBEREITUNG

Von den Feigen die Stielansätze entfernen und an ihren dicksten Stellen je eine etwa 1 cm dicke Scheibe herausschneiden. Das übrige Fruchtfleisch klein scheiden. Von den Rosmarinzweigen die oberen weichen Spitzen (etwa 5 cm) abschneiden und beiseitelegen, von den übrigen Zweigen einige Nadeln abzupfen und in einer Schüssel mit den klein geschnittenen Feigen mischen.

Jeweils auf 1 Reisblatt mittig 1 Rosmarinspitze, 1 Feigenscheibe und darauf 1 kleinen Ziegenkäse legen. Die Seiten des Reisblattes zu einem Päckchen einklappen. In einer Pfanne die Päckchen in reichlich Olivenöl bei hoher Temperatur zuerst mit der »Naht« 2–3 Minuten goldbraun ausbacken, dann wenden und nochmals 2 Minuten backen.

Die Feigen-Rosmarin-Mischung mit Balsamico abschmecken und zu den goldbraun gebackenen Käsepäckchen servieren.

SORBET DE PRUNES

SORBETE DE CIRUELA
PFLAUMENSORBET

Spanien ist reich gesegnet mit Gemüse- und Obstanbaugebieten.
Aus dem fruchtbaren Ebro-Tal kommen unter anderem viele Pflaumen.
In Barcelona werden sie zu einem farbenfroh-kühlen Sorbet.

Für 4 Personen | **Zubereitung:** 10 Minuten | **Kochzeit:** 20 Minuten | **Gefrierzeit:** 5 Stunden

ZUTATEN

7–9 große reife Pflaumen
3 EL Zucker
5 Zimtstangen, davon 4 kleine (oder 4 halbe)
1 Sternanis
200 ml Rotwein

ZUBEREITUNG

Die Pflaumen halbieren und den Stein entfernen, eine Pflaume vierteln und beiseitelegen. In einem Topf den Zucker mit 3 EL Wasser auf mittlerer Stufe erhitzen. Sobald der Zucker beginnt zu bräunen, die Pflaumenhälften dazugeben und gut umrühren, damit der Zucker nicht verbrennt. Die große Zimtstange und den Sternanis zugeben. Nach 4–5 Minuten den Wein angießen und die Pflaumen im Wein weichkochen.

Zimt und Sternanis entfernen und das Pflaumenmus durch ein Sieb passieren und nach Belieben nachsüßen. Das Mus abkühlen lassen und in eine Eismaschine geben oder in einer Schüssel für einige Stunden ins Tiefkühlfach stellen. Dabei immer wieder, möglichst alle 30 Minuten, umrühren, um die Eiskristalle aufzubrechen.

In vorgekühlten Cocktailgläsern mit jeweils 1 Pflaumenviertel und 1 kleinen Zimtstange servieren.

Dieses Sorbet schmeckt auch sehr gut mit Weinbergpfirsichen oder anderen süß-aromatischen Früchten Ihrer Wahl.

TARONJA, TARONJA I TARONJA

NARANJA, NARANJA Y NARANJA
DREIERLEI VON ORANGEN

Orangen sind ein fantastisches Obst. Abgesehen von dem gesunden Fruchtfleisch lässt sich die hocharomatische Schale (ohne die weiße Haut) ganz wunderbar in der Küche verwenden. Für Überraschungen ist gesorgt.

Für 4 Personen | **Zubereitung:** 20 Minuten | **Kochzeit:** 1 Stunde 5 Minuten | **Marinierzeit:** 3 Stunden

ZUTATEN

8 Bio-Orangen
2–3 EL Zucker
5 cl Orangenlikör
(Grand Manier oder Cointreau)

ZUBEREITUNG

Von den Orangen mit einem Sparschäler die Schale in nicht zu kurzen, aber möglichst dünnen Streifen abschälen. Dabei die weiße Haut nicht mitschälen, da diese bitter ist. Die Schalen in feine Juliennestreifen schneiden. In einem Topf Wasser aufkochen und die Juliennestreifen 15–20 Minuten kochen, abgießen und abtropfen lassen.

In einem kleinen Topf den Zucker mit 4 EL Wasser bei geringer Temperatur auflösen und die Orangen-Julienne zugeben. 45 Minuten köcheln, bis alle Flüssigkeit verdampft ist und der Zucker beginnt zu kristallisieren. Der Zucker darf dabei nicht braun werden. Die Julienne so auf Alufolie geben, dass die Streifen möglichst nicht zusammenkleben, abkühlen lassen. Die Orangen filettieren, dabei den Saft auffangen. Die Filets in eine Schüssel legen und mit dem Likör übergießen. Im Kühlschrank 3 Stunden marinieren. Den aufgefangenen Orangensaft ebenfalls kalt stellen.

Zum Servieren die Filets auf große Cocktailschalen verteilen, die Marinade und den Saft darübergießen, die kandierten Schalen daraufgeben und servieren.

In der Carrer Montcada im »Xampanyet« genießt man seinen *xampán* gerne im Freien aus den klassichen Sektschalen.

NÍSPEROS EN ORUJO

NÍSPEROS EN ORUJO
MISPELN MIT TRESTERSCHNAPS

Mispeln sind ein sehr gesundes Obst, das sich zudem noch gut einmachen lässt. Eingemachte Mispeln sind die Basis dieses leckeren und hochprozentigen Desserts, das man in der traditionsreichen Tapas-Bar »Quimet & Quimet« serviert bekommt. Orujo *ist ein Branntwein aus Trester, ganz ähnlich wie Grappa. Allerdings ist er hochprozentiger und wird gekühlt wie Korn getrunken. Dieses Dessert ist ebenso einfach wie überraschend.*

Für 4 Personen | **Zubereitung:** 5 Minuten

ZUTATEN

4 Mispeln aus dem Glas
(aus dem Feinkosthandel)
Orujo (Tresterschnaps)
Mispelsirup aus dem Glas
gemahlener Zimt

ZUBEREITUNG

Die Mispeln vierteln und die Viertel in ein großes Schnaps- oder Cocktailglas stellen. Das Glas zu einem Drittel mit *orujo* und zu zwei Dritteln mit Mispelsirup auffüllen. Die Mispelschnitze etwas öffnen beziehungsweise einstechen und mit Zimt bestäuben. Mit Löffel und Gabel servieren – fertig.

SORBET DE MANDARINA

SORBETE DE MANDARINA
MANDARINENSORBET

Spanische Süßspeisen tragen diese Bezeichnung mehr als zu Recht. Aber es gibt auch weniger süße, sehr erfrischende Ausnahmen wie dieses Sorbet.

Für 4 Personen | **Zubereitung:** 10 Minuten | **Zeit zum Durchziehen:** 1 Stunde | **Kühlzeit:** 5 Stunden

ZUTATEN

2–3 cm frische Ingwerwurzel
Saft von 8 süßen, aromatischen Bio-Mandarinen
4 cl Wodka
1 Prise gemahlener Piment
2 Mandarinenscheiben, halbiert
4 Stängel Minze

ZUBEREITUNG

Den Ingwer schälen und sehr fein schneiden. In einer Schüssel mit dem Mandarinensaft mischen. Den Wodka unterrühren und mit Piment abschmecken.

Im Kühlschrank 1 Stunde ziehen lassen, abseihen und in einer Eismaschine gefrieren oder in einer Schüssel 4–5 Stunden ins Tiefkühlfach stellen. Dabei immer wieder (möglichst alle 30 Minuten) umrühren, um die Eiskristalle aufzubrechen.

In vorgekühlten Cocktailgläsern jeweils mit ½ Mandarinenscheibe und 1 Minzestängel servieren.

SORBET DE SINDRÍA AMB ALFABERGA

SORBETE DE SANDÍA CON ALBAHACA
WASSERMELONENSORBET MIT BASILIKUM

Ich gehe ja leidenschaftlich gerne essen und lasse mich genauso gern überraschen. Mit einigen Restaurants habe ich einen »Vertrag«. Wenn ich die Zutaten des Gerichts herausschmecke, bekomme ich das Rezept. Eine feine Angelegenheit, die mir das Geschmacksgeheimnis dieses Sommerdesserts offenbart hat.

Für 4 Personen | **Zubereitung:** 10 Minuten | **Gefrierzeit:** 4 Stunden

ZUTATEN

¼ reife Wassermelone
80 g frische Basilikumblätter plus einige Blätter für die Dekoration
Puderzucker
Rosenwasser

ZUBEREITUNG

Die Wassermelone in 2–3 cm große Stücke schneiden, dabei den Saft auffangen, die Kerne möglichst entfernen. Die Stücke in einer Schüssel im Tiefkühlfach 3–4 Stunden gefrieren, den aufgefangenen Saft im Kühlschrank aufbewahren.

Kurz vor dem Servieren die Basilikumblätter mit reichlich Puderzucker bestreuen und sehr fein hacken, sodass eine grobe, nicht zu feste Paste entsteht.

Die gefrorenen Melonenstücke mit dem Saft aus dem Kühlschrank in einem Mixer rasch zu einem Sorbet verarbeiten.

In vorgekühlte Cocktailschalen füllen und die süße Basilikumpaste daraufgeben. Zum Schluss mit einem Zerstäuber Rosenwasser darübersprühen und mit einem Basilikumblatt garniert sofort servieren.

Spanien ist ein Weinland. In der Regel sind diese Weine recht hochprozentig, fast alle haben 12 % Alkoholgehalt oder mehr. Im Norden und Nordwesten von Barcelona liegen die Weinbaugebiete des Empordá, von Girona und Maresme, im Südwesten das ertragreiche Penedès.

Neben fantastischen Weinen und einigen süffigen Bieren hat Spanien und Katalonien die berühmt-berüchtigte Sangría hervorgebracht, die es auf Mallorca zu einiger, nun ja, Berühmtheit gebracht hat.

In Barcelona wird sie auf den Ramblas so süß zubereitet, dass einem die Zunge am Gaumen kleben bleibt. Aber richtig zubereitet kann sie ein echter Hochgenuss sein. Und aus der Umgebung von Barcelona, genauer gesagt aus dem Penèdes, kommt ihre erfrischende und spritzige Schwester, die *sangría de cava*. Im Sommer wird in Barcelona außerdem häufig *tinto de verano* getrunken, mit süßem Sprudel verdünnter Rotwein.

Barcelona hat auch sein eigenes Bier: das »Moritz«, benannt nach dem Brauereigründer aus dem Elsass. Im wiedereröffneten Stammhaus im Zentrum der Stadt kann man heute wieder das frisch gezapfte und süffige Bier genießen.

Nach dem Essen wird häufig noch ein *café* getrunken – er entspricht einem Espresso. Alternativ stehen der *cortado,* Espresso mit etwas Milch, oder der *carajillo,* ein Espresso mit Likör oder anderem Hochprozentigem, zur Auswahl. Auch wird vor allem im Sommer zum Kaffee ein Glas mit Eiswürfeln serviert. Nachdem der Kaffee gesüßt wurde, wird er über die Eiswürfel gegossen und so heruntergekühlt sofort getrunken. Gerne werden nach dem Essen auch noch Digestifs genommen. Neben Brandy und Rum ist das häufig der eisgekühlte Tresterschnaps *orujo* oder ein *hierba,* ein Kräuterlikör.

GETRÄNKE

SANGRÍA

SANGRÍA
SANGRÍA

Wird eine sangría *mit den »richtigen« Zutaten zubereitet, dann gibt es am nächsten Morgen auch keinen Kater. Es gibt Hunderte von Zubereitungsmethoden – schnelle und weniger schnelle. Eine wirklich gute* sangría *benötigt aber etwas Zeit. Und diese* sangría *wird sicherlich nicht auf dem Ballermann und nicht auf den Ramblas serviert.*

Für 2 l Sangría | **Zubereitung:** 10 Minuten | **Kochzeit:** 10 Minuten | **Zeit zum Durchziehen:** 2 Stunden

ZUTATEN

2 EL Zucker
1 kleine Zimtstange
1 Msp. frisch geriebene Muskatnuss
1 Glas Cognac oder Rum
1 Flasche trockener junger Rotwein, gut gekühlt
frisch gepresster Saft von 2 Bio-Orangen
Saft von 1 Bio-Zitrone
2 Pfirsiche, gewürfelt
1 Apfel, gewürfelt
halbierte Scheiben von 1 Bio-Orange
Zitronen- oder Orangensprudel nach Belieben

ZUBEREITUNG

In einem Topf den Zucker mit 2 EL Wasser auf mittlerer Stufe unter Rühren erhitzen, die Zimtstange zugeben. Sobald die Flüssigkeit beginnt zu kochen, den Topf vom Herd nehmen. Abkühlen lassen und Muskatnuss und Cognac zugeben.

In ein großes Gefäß füllen und den Wein sowie die Säfte zugießen. Die Früchte in die Flüssigkeit geben. Wem diese *sangría* nicht süß genug ist, der füllt nach Belieben mit süßem Sprudel auf. Die *sangría* mindestens 2 Stunden im Kühlschrank ziehen lassen und mit Eiswürfeln servieren.

SANGRÍA DE CAVA

SANGRÍA DE CAVA
SANGRÍA DE CAVA

Eine andere Variante ist die sangría de cava*, die auch sehr einfach zuzubereiten und im Sommer prickelnd-frisch ist. Sie stammt ursprünglich aus dem direkten Hinterland von Barelona, wo der Cava hergestellt wird.*

Für 1,2 l Sangría de cava | **Zubereitung:** 10 Minuten

ZUTATEN

Scheiben von 1 Bio-Orange, geviertelt
Scheiben von 1 Bio-Zitrone
200 ml Orangenlimonade
200 ml Zitronenlimonade
40 cl Cointreau
40 cl trockener Wermut (Martini oder Noilly Prat)
Eiswürfel nach Belieben
1 Flasche Cava brut, gut gekühlt

ZUBEREITUNG

In einer großen Karaffe das Obst mit den Limonaden, dem Likör und dem Wermut mischen. Die Eiswürfel zugeben und den Cava vorsichtig aufgießen, damit nicht zu viel Kohlensäure entweicht. Vorsichtig umrühren und sofort servieren.

CAVA

Wenn es ein Getränk gibt, das zu Barcelona gehört, dann ist das der Cava, die spanische Entsprechung zu Champagner oder Sekt. Es handelt sich um einen meist trockenen Schaumwein, der aus den Reben Macabeu, Parellada und Xarel·lo gekeltert wird. In Deutschland sind vor allem die beiden Global Player »Freixenet« und »Cordoníu« bekannt. Es gibt aber noch rund 100 weitere Hersteller, die absolut feinen Cava keltern – einer der feinsten kommt meiner Meinung nach aus der Kellerei »Agustí Torelló«.

Bar

LAS DISSET DEL DISSET
NUESTROS CLÁSICOS
Cocktails
VERMUT

CREMAT

CREMAT
FLAMBIERTER RUM-KAFFEE

Zu Beginn des Sommers, wenn man abends länger am Strand sitzen kann, ist der cremat *ein beliebtes Getränk, das immer direkt vor Ort zubereitet wird. Auf Stadtteilfesten gibt es ihn bisweilen an Getränkeständen.* Cremat *erinnert ein wenig an Feuerzangenbowle. Er wird in der Regel nach Sonnenuntergang zubereitet, und das Abbrennen des Alkohols wird gerne richtiggehend zelebriert.*

Für 4–6 Personen | **Zubereitung:** 10 Minuten | **Kochzeit:** 25 Minuten

ZUTATEN

500 ml Zuckerrohrschnaps (Cachaça)
500 ml brauner Rum
Schale von ½ Bio-Zitrone, in einem Streifen abgeschält
2 Zimtstangen
5 Kaffeebohnen
5 EL Zucker
250 ml schwarzer Kaffee

ZUBEREITUNG

Zuckerrohrschnaps, Rum, Zitronenschale, Zimt und Kaffeebohnen in einen großen Topf geben. Den Zucker gut unterrühren und das Ganze bei mittlerer Temperatur erwärmen. Mit einer Suppenkelle eine kleine Menge entnehmen, die Flüssigkeit anzünden und den brennenden Alkohol vorsichtig in den Topf zurückgeben, damit auch der Rest anfängt zu brennen.

Ein wenig brennen lassen und währenddessen den Kaffee zubereiten. Immer wieder umrühren, damit der Alkohol langsam verbrennt. Wird die Flamme nach 15–20 Minuten schwächer, den Kaffee zugeben, umrühren und in Kaffeetassen servieren.

MOJITO SIN ALCOHOL

MOJITO SIN ALCOHOL
MOJITO OHNE ALKOHOL

Was wäre ein Tag an den Stränden von Barcelona ohne einen anständigen Cocktail! Wie es das Leben so will, sind wir aber mit dem Auto unterwegs, und die Verkehrskontrollen sind grausam. Doch in Barcelona ist man erfinderisch, also schenken einige Strandbars auch einen Mojito aus, dem man fast gar nicht anmerkt, dass er gar keinen Tropfen Alkohol enthält. Schärfe und Aroma des Ingwers suggerieren einen alkoholähnlichen Geschmack. Wer jetzt noch bei der Verkehrskontrolle auffällt – das waren dann wohl die Mojitos der vorigen Nacht …

Für 4–6 Personen | **Zubereitung:** 10 Minuten | **Kühlzeit:** 30 Minuten

ZUTATEN

6–8 Bio-Limetten
feiner brauner Zucker nach Belieben
1 mittelgroße frische Ingwerwurzel, in Scheiben geschnitten
1 Handvoll Minzblätter, grob zerzupft
Eiswürfel
750 ml kaltes Mineralwasser

ZUBEREITUNG

1 Limette in Scheiben schneiden und beiseitelegen. Die übrigen Limetten achteln und mit braunem Zucker in einem Mörser zerstoßen und auspressen. Den Ingwer in eine Glaskaraffe geben und die Zucker-Limettensaft-Mischung daraufgeben. 30 Minuten kalt stellen.
Aus dem Kühlschrank nehmen, die Minzblätter, die Limettenscheiben und die Eiswürfel zugeben. Mit Mineralwasser aufgießen, umrühren und servieren.

Wo, wenn nicht hier?! Für einen entspannenden Kaffee findet man in Barcelona immer Zeit und Platz.

Wie überall in Spanien ist auch in Barcelona Olivenöl eine Grundzutat. Wenn ich von Olivenöl rede, ist selbstverständlich immer ein kalt gepresstes Olivenöl bester Qualität gemeint. Ich verwende am liebsten das Öl, das aus der kleinen Arbequina, der für Katalonien so typischen Olive, gepresst wird. Sie wurde im 17. Jahrhundert aus dem Nahen Osten nach Katalonien eingeführt, das Öl ist hocharomatisch und fruchtig. Meiner Meinung nach kommen die besten Olivenöle aus der Siurana bei Tarragona, aus Garrotxa nördlich von Barcelona oder aus der Gegend um Lleida. Zum Frittieren und Braten können Sie aber auch Sonnenblumen- oder Erdnussöl verwenden.

In Barcelona werden einige ganz spezielle Zutaten verwendet. Für die Zubereitung mancher Rezepte ist das zum Beispiel eine *picada*. Sie verstärkt den Eigengeschmack der Speisen, aromatisiert sie zusätzlich und bindet. Meist besteht eine *picada* aus trockenem Brot, Haselnusskernen, Mandeln sowie glatter Petersilie und Knoblauch – aber eine *picada* lässt sich unendlich variieren. Auch werden in Barcelona häufig *ñoras* oder *nyoras* verwendet. Die pflaumengroßen, flach-runden, schwarz-roten getrockneten Paprikaschoten mit dem mild-pikanten Geschmack kommen in verschiedenen Rezepten vor, so in einer Variante der Paella, und sind ein wichtiger Bestandteil der *romesco* *(siehe Seite 261)*, der römischen Sauce, und ihren Variationen. Sie werden außerdem aufgrund ihrer färbenden Eigenschaft statt Safran verwendet. *Nyoras* werden Sie nicht so leicht bekommen, greifen Sie alternativ zu anderen mildscharfen Peperonis oder Chilischoten und mild-scharfem Chilipulver beziehungsweise zum Färben zu Safran.

Klassiker der spanischen beziehungsweise katalanischen Küche, wie *all i oli* oder *samfaina*, sind als Beigabe nicht nur zu unseren katalanischen Gerichten ein Muss. Sie können sie zu unendlich vielen anderen Zubereitungen reichen.

BASICS

SALSA MAHONESA

SALSA MAHONESA
MAYONNAISE

Mayonnaise kommt in Barcelona natürlich nicht aus dem Glas. Sie wird selbst gemacht. Für Spanier stammt diese Sauce aus Mahón, der Hauptstadt Menorcas, auch wenn Franzosen behaupten, sie hätten sie erfunden. Wahrscheinlich haben beide recht. Verwenden Sie unbedingt frische Eier bester Qualität.

Für 1 kleines Glas | **Zubereitung:** 15 Minuten

ZUTATEN

2 frische Eigelb
1 TL Zitronensaft
(alternativ Essig)
300 ml Olivenöl
1 Prise Salz

ZUBEREITUNG

In einer Schüssel die Eigelbe mit einem Schneebesen verquirlen, etwas Zitronensaft zugeben und weiterschlagen. Das Olivenöl zuerst tropfenweise, dann in einem dünnen Strahl zugeben. Solange weiterschlagen, bis die Mayonnaise eine homogene, cremige Konsistenz hat.

Mit Salz und mehr Zitronensaft (oder Essig) abschmecken.

Diese Mayonnaise mit Frischei muss sofort verbraucht werden.

ALL I OLI

ALL I OLI
KNOBLAUCHSAUCE

Diese kalte Knoblauchsauce wird fälschlicherweise oft als »Knoblauchmayonnaise« bezeichnet. Sie enthält aber im Gegensatz zu Mayonnaise kein Ei, nur Knoblauch (all) *und Olivenöl* (oli) *und etwas Salz. Das Rezept ist so simpel wie schmackhaft. All i Oli passt gut zu allen Variationen der Fideua, zu Reisgerichten, Fisch oder gegrilltem Fleisch. Sie schmeckt auch ganz einfach auf frischem Brot.*

Für 1 kleines Glas | **Zubereitung:** 15 Minuten

ZUTATEN

1 Knoblauchzehe,
grob gehackt
½ TL Salz
125–250 ml gutes Olivenöl
Zitronensaft zum Abschmecken

DER KLASSIKER

In einem Mörser Knoblauch und Salz zu einer homogenen Paste zerstoßen und zerreiben.

Das Olivenöl erst tropfenweise dazugeben und unterrühren, dann in einem feinen Strahl unterarbeiten, bis eine sämige Creme entsteht. Perfekt ist All i Oli, wenn man den Mörser auf den Kopf stellen kann, ohne dass es tropft oder verläuft. Mit etwas Zitronensaft abschmecken.

FÜR EILIGE

Für eine schnelle Variante die gleichen Zutaten und 1 Eigelb in einem Mixer 1 Minute verrühren und mit etwas Zitronensaft abschmecken. Diese Sauce ist etwas milder als das »echte« All i Oli.

ROMESCO

SALSA ROMESCO
RÖMISCHE SAUCE

Romesco *stammt ursprünglich aus der Gegend um Tarragona. Heute ist diese Sauce in der Küche Barcelonas ein unerlässlicher Bestandteil.* Romesco *wird vor allem zu gegrilltem Gemüse und zu Fisch gereicht.*

Für 1 Glas | **Zubereitung:** 20 Minuten | **Einweichzeit:** 2 Stunden
Zeit zum Durchziehen: 12 Stunden

ZUTATEN

1 *nyora* (alternativ 1 kleine rote getrocknete Paprikaschote und/oder Chilipulver nach Belieben); siehe auch Tipp Seite 166
10 enthäutete Mandeln
10 enthäutete Haselnusskerne
½ altbackenes Brötchen
etwas Essigwasser zum Einweichen des Brötchens
1 ½ EL Tomatenmark
Salz
1 Knoblauchzehe, fein gehackt
Olivenöl

ZUBEREITUNG

Von der *nyora* Stielansatz und Kerngehäuse entfernen und die Schote in heißem Wasser etwa 2 Stunden einweichen. Die ganze Schote verwenden oder das Fruchtfleisch aus der Schale schaben.

In einer Pfanne Mandeln und Haselnusskerne kräftig anrösten. In einer Schüssel das Brötchen in Essigwasser einweichen.

In einem Mixer Mandeln und Haselnusskerne mittelfein mahlen. Das Brötchen ausdrücken, zerpflücken und mit Paprikafruchtfleisch, Tomatenmark, Salz und Knoblauch zur Nussmischung geben. Mit reichlich Olivenöl zu einer dickflüssigen Sauce verrühren, nochmals abschmecken und am besten über Nacht durchziehen lassen, damit sich die Aromen gut verbinden.

Im Kühlschrank hält sich die Sauce unter einer Schicht aus Olivenöl 3–4 Wochen. Vor dem Servieren Zimmertemperatur annehmen lassen und nochmals glattrühren.

FUMET

FUMET
FISCHFOND

Für die Zubereitung vieler Suppen-, Reis- und Nudelgerichte benötigen Sie eine aromatische Fisch- oder Meeresfrüchtebrühe.

Für 1 l Brühe | **Zubereitung:** 25 Minuten | **Kochzeit:** 30 Minuten

ZUTATEN

1 kg weißer Fisch sowie Fischkarkassen, -köpfe, -haut und -gräten
1 Knoblauchzehe, ungeschält
Olivenöl zum Braten
1 Karotte, in Stücke geschnitten
1 kleine Stange Porree, in dicke Ringe geschnitten
1 Zwiebel, grob gewürfelt
1 grüne Paprikaschote, grob gewürfelt
1 reife Tomate, grob gewürfelt
4–5 Stängel glatte Petersilie, gehackt
Salz

ZUBEREITUNG

Den Fisch und die Fischkarkassen unter fließendem Wasser waschen, die größeren Stücke zerkleinern.

In einem großen Topf den Knoblauch in Olivenöl bei hoher Hitze anbraten. Dann alle Gemüse und die Petersilie zugeben und unter Rühren anrösten. Den Fisch zufügen und rühren, bis er zerfällt. Dann 1 l heißes Wasser angießen, mit Salz abschmecken und alles 20–30 Minuten kochen, dabei regelmäßig abschäumen. Durch ein Sieb passieren und dabei die Karkassen und das Gemüse kräftig ausdrücken. Die Brühe ist nun gebrauchsfertig.

Eine solche Brühe lässt sich auch aus Fisch und Meeresfrüchten herstellen. Dazu werden Köpfe und Karkassen von Hummer, Langusten, Krebsen etc. im Mörser zerstoßen. Die benötigte Fischmenge reduziert sich entsprechend.

ESCALIVADA

ESCALIVADA
GEGRILLTES GEMÜSE

Diese typische Beilage, escalivada, *kann man lauwarm oder kalt servieren. In Einmachgläsern mit Olivenöl bedeckt hält sie sich im Kühlschrank mehrere Wochen.*

Für 4 Personen | **Zubereitung:** 10 Minuten | **Backzeit:** 50 Minuten
Ruhezeit: 10 Minuten | **Zeit zum Marinieren:** 15 Minuten

ZUTATEN

4 Auberginen, in mundgerechte Stücke geschnitten
4 große rote Paprikaschoten
4 Zwiebeln, grob gewürfelt
2 Knoblauchzehen
Meersalz
frisch gemahlener schwarzer Pfeffer
Olivenöl zum Beträufeln

ZUBEREITUNG

Den Backofen auf 180 °C (Umluft 160 °C) vorheizen. Auberginenstücke, Parikaschoten und Zwiebelwürfel auf ein Backblech legen und im vorgeheizten Ofen auf der mittleren Schiene 40–50 Minuten weich garen. Dabei mehrmals wenden – vor allem die Paprikaschoten. Während der letzten 10 Minuten der Garzeit die Grillfunktion zuschalten.

Das Gemüse so lange im Ofen lassen, bis die Paprikaschote schwarz ist. Werden die Auberginen und Zwiebeln zu dunkel, eventuell schon aus dem Ofen nehmen. Die Paprika aus dem Ofen nehmen, in Zeitungspapier einwickeln und 10 Minuten ruhen lassen. Die Haut abziehen, Stielansätze und Samen entfernen, das Gemüse in Streifen schneiden und mit dem anderen Gemüse in eine Schüssel geben. Den Knoblauch schälen und hacken und zum Gemüse geben. Mit Meersalz und Pfeffer würzen, mit Olivenöl beträufeln, etwa 15 Minuten marinieren.

PEBROTS VERMELLS AL FORN I ALINIATS

PIMIENTOS ROJOS ASADOS
MARINIERTE GRILLPAPRIKA

Die gegrillten und marinierten Paprikaschoten sind Beilage zu Fisch, Geflügel oder gegrilltem Fleisch. Sie lassen sich gut vorbereiten und einige Tage im Kühlschrank aufheben.

Für 4 Personen | **Zubereitung:** 10 Minuten | **Ruhezeit:** 10 Minuten
Koch- und Backzeit: 55 Minuten

ZUTATEN

4 große rote Paprikaschoten
10 cl Sherry (fino)
1 TL Honig
Salz
2 EL Olivenöl

ZUBEREITUNG

Den Backofengrill auf hoher Stufe vorheizen. Die Paprikaschoten auf ein Backblech legen und im vorgeheizten Ofen 40–50 Minuten rundum schwarz werden lassen. Aus dem Ofen nehmen, in Zeitungspapier wickeln und 10 Minuten ruhen lassen. Stielansätze und Samen entfernen und die Haut abziehen. Jeweils in etwa 2–3 cm breite Streifen schneiden.

In einem Topf Sherry, Honig, etwas Salz und das Olivenöl auf mittlerer Stufe erhitzen. Die Paprika zugeben und 3 Minuten kochen, im Sud erkalten lassen. In einem Glas mit Schraubdeckel halten die Paprikaschoten im Kühlschrank mit Sud bedeckt einige Tage.

SAMFAINA

SAMFAINA
SCHMORGEMÜSE

Samfaina, *ein mediterranes Schmorgemüse, wird überall in der klassischen katalanischen Küche als Beilage zu Fisch, Geflügel oder Fleisch gereicht. Es ist eine traditionelle Beilage, deren Name angeblich auf das lateinische* symphonia *(Einklang) zurückgeht.*

Für 4 Personen | **Zubereitung:** 5 Minuten | **Bratzeit:** 30 Minuten
Zeit zum Durchziehen: 3 Stunden

ZUTATEN

1 Knoblauchzehe, gehackt
Olivenöl zum Braten
1 grüne Paprikaschote, grob gewürfelt
2 Zwiebeln, gewürfelt
1 große Aubergine, grob gewürfelt
1 Zucchini, grob gewürfelt
2 geschälte Tomaten aus dem Glas
1–2 TL getrockneter Thymian
1 TL Rosenpaprikapulver

ZUBEREITUNG

In einer Pfanne den Knoblauch in Olivenöl bei mittlerer Temperatur goldbraun anbraten.

Die Paprika zugeben und 10 Minuten mitbraten. Die Zwiebeln zufügen und weitere 5 Minuten braten. Die übrigen Gemüse in die Pfanne geben. Nach Belieben würzen und noch 5–10 Minuten weitergaren.

Vor dem Servieren 2–3 Stunden durchziehen lassen, denn aufgewärmt schmeckt die *samfaina* am besten.

TRINXAT

TRINXAT
KOHL UND KARTOFFELN

Trinxat, *ein Gericht aus Kohl und Kartoffeln, stammt ursprünglich aus dem Norden von Barcelona und wird als kleines Gericht oder als Beilage serviert.*

Für 4 Personen | **Zubereitung:** 10 Minuten
Kochzeit: 40 M nuten

ZUTATEN

1 Weißkohl
2 große Kartoffeln
Salz
4 Scheiben Speck oder Bacon
Olivenöl zum Braten
2 Knoblauchzehen, in Scheiben geschnitten

ZUBEREITUNG

Vom Kohl die äußeren Blätter und harten Stiele entfernen, den Kohl in grobe Stücke schneiden oder hacken. Die Kartoffeln schälen und in 2–3 cm große Stücke schneiden. Beide getrennt in Salzwasser etwa 20 Minuten kochen.

In einer großen Pfanne mit hohem Rand den Speck in Olivenöl bei mittlerer Temperatur goldbraun anbraten, aus der Pfanne nehmen und beiseitelegen. Den Knoblauch im in der Pfanne verbliebenen Olivenöl ebenfalls goldbraun anbraten. Sobald der Knoblauch Farbe genommen hat, Kohl und Kartoffeln hinzufügen und bei niedriger Temperatur unter vorsichtigem Umrühren erwärmen. Sobald eine homogene Masse entsteht, die Hitze erhöhen und den *trinxat* wie eine Tortilla auf beiden Seiten goldbraun anbraten.

Mit dem Speck oder Bacon belegen und servieren. Alternativ den Speck würfeln und vor dem Braten unterheben.

36↑
37
27
26
25
28
29
EIXAMPLE
32
24
33
30
31
23
SANT ANTONI
22
16
BORN / LA RIBERA
19/20
3
13/14
18
17
11
10
21
5
9
EL RAVAL
15
BARRI GOTIC
6
12
7/8
1
2
4
38
BARCELONETA

34
POBLE NOU
35

BORN/LA RIBERA

1 – La Pitarra

Das Pitarra ist ein alteingesessenes Restaurant, das man getrost als typisch katalanisch bezeichnen kann. Die gemütliche Einrichtung und ein freundlicher Service zeichnen es aus. Empfehlenswert im Herbst: die Wildspezialitäten.
Carrer d'Avinyó, 56

2 – Agut

Das Agut gelangte in den ersten Boomjahren nach der Olympiade zu ziemlichem Ruhm und zählte zu den Geheimtipps. In der Zwischenzeit gehört es zum Grundrepertoire an guten Lokalen der Stadt.
Carrer d'En Gignàs, 16

3 – Cuines Santa Caterina

Das Restaurant liegt im Mercat de Santa Caterina. Die Küche beruht auf dem, was der Markt gerade anbietet. *Cuines*, also »Küchen« heißt es, da hier mehrere nationale Küchen unter einem Dach vereint wurden.
Av. de Francesc Cambó, 16

4 – 7 Portes

Auch das 7 Portes ist ein Klassiker, der fast ein Jahrhundert existiert und immer noch die gute klassische katalanische Küche serviert.
Passeig Isabel II, 14

5 – Peps Buffet

Das kleine Restaurant serviert ein Buffet von klassischen katalanischen Gerichten, das immer wieder erneuert wird. Nichts für Leute, die nur wenig essen wollen! Zuerst kommen die Vorspeisen und Suppen an den Tisch, dann verschiedene Hauptspeisen und Desserts.
Carrer de Grunyí, 5

6 – Restaurante Petra

Direkt an den Mauern der Santa Maria del Mar gelegen ist dieses eines der wenigen Restaurants, die sich in dieser Gegend noch nicht dem Tourismus verschrieben haben.
Carrer dels Sombrerers, 13

7 – Patisseria Bubó Born

Das Bubó, auch an der Santa Maria del Mar gelegen, serviert Schokolade und allerfeinste Confiserie. Wahre Kunstwerke im einen Laden, im anderen, gleich nebenan, gibt es Frühstück und Tapas.
Carrer de les Caputxes, 6

8 – La Vinya del Senyor

Diese Weinbar ist einer der Klassiker im Viertel, der der Tourismus wenig anhaben konnte. So hat man hier immer eine sehr angenehme Mischung von verschiedensten Menschen, die die Riesenauswahl an Tapas genießen.
Plaza Santa Maria, 5

9 – El Xampanyet

Dieses Lokal ist eine der bekanntesten Tapas-Bars des Viertels und lohnt immer wieder einen Besuch. Unbedingt den *xampán* probieren, den Haus-Schaumwein aus der Bügelflasche. Dazu die Tapas, die immer für ein volles Haus sorgen.
Carrer de Montcada, 22

10 – Bar Celta Pulperia

Hier wird der galizische Wein aus Porzellanschalen getrunken, und man genießt die echten galizischen Tapas, wie z. B. den *pulpo a la gallega* – gekochter Krake. Abends und am Wochenende wird es hier immer sehr voll.
Carrer de la Princesa, 50

11 – Nou Celler

Das kleine und familiäre Restaurant liegt mitten in der Altstadt in der Nähe des Picasso-Museums. Hier kann man klassische katalanische Küche und Tapas genießen. Die Besitzerin Elisabet Roldán empfängt ihre Gäste mit viel Herzlichkeit.
Carrer de la Princesa, 16

12 – La Paradeta

Eine Schlange kurz vor der Öffnungszeit am Abend spricht Bände! Direkt hinter dem CCB, dem alten Markt des Born, ersteht man am »Marktstand« frischen Fisch und Meeresfrüchte. Beides wird nach Wahl sofort zubereitet, und wenn die jeweilige Nummer aufgerufen wird, holt man sich seine Schätze direkt an der Küche ab.
Carrer Comercial, 7

BARRI GÒTIC

13 – Caelum

Das kleine Café heißt nicht umsonst »Caelum, delicias y otras tentaciones de Monasterio«. Alles, was hier angeboten wird, vom Konfekt bis zum Käse, stammt aus der Hand von Nonnen oder Mönchen.
Carrer de la Palla, 8

14 – Oro liquido

Gleich neben dem Caelum findet sich eine echte Ölboutique. Den Preisen sind je nach Qualität schier keine Grenzen gesetzt, man bekommt hier aber auch feinste Olivenöle aus Spanien und den angrenzenden Ländern.
Carrer de la Palla, 8

15 – Ocaña

Das Ocaña, benannt nach einem Künstler und Aktivisten der 70er Jahre, wurde vor drei Jahren nach mehrjähriger Renovierung wiedereröffnet. Es schlug ein wie eine Bombe. Für mich eine der schönsten Café-Bars Barcelonas.
Plaça Reial, 13-15

16 – Els 4Gats,

Das Els 4Gats ist ein Klassiker des letzten Jahrhunderts. Es ist das Restaurant bzw. Café, in dem sich Picasso während seiner Zeit in Barcelona mit seinen Freunden traf.
Carrer de Montsió, 3

EL RAVAL

17 – Fonda España

Im alten – renovierten – Hotel España ist das Restaurant untergebracht. Alleine seine zwei Speisesäle sind spektakulär. Serviert werden Gerichte, von Meisterkoch Berasategui.
Carrer de Sant Pau, 9–11

18 – El Cafetí

Auch das Cafeti ist eines der alten Jugendstil-Restaurants, etwas plüschig, aber sehr angenehm. Wenn hier auf der Karte *suprema de bacalau*, also »Stockfisch mit Lauch und Apfel im Blätterteig« steht, unbedingt probieren!
Carrer de Sant Rafael, 18

19 – El Quim De La Boqueria

Man kann in der Boqueria nicht nur einkaufen, auch das Essen ist hier ein Erlebnis. Im Quim werden an der Bar kleine und günstige Speisen angeboten. Einen Platz zu bekommen ist allerdings fast wie die Reise nach Jerusalem: Wenn man nicht schnell genug (oder rabiat genug) reagiert, ist der freie Platz schnell weg.
Les Rambles, 91

20 – Pinotxo Bar

Diese Bar liegt in der Boqueria am rechten Rand. Das für das Quim Gesagte gilt ohne Einschränkung auch hier!
Les Rambles, 91

21– Quimet & Quimet

Das Quimet & Quimet war noch vor wenigen Jahren DER Geheimtipp unter den Tapas-Bars. Heute ist sie sehr bekannt, beliebt und gut besucht. Aber es lohnt sich. Die Bar läuft so gut, dass sie sich für Barcelona recht schräge Öffnungszeiten leisten kann.
Carrer del Poeta Cabanyes, 25

SANT ANTONI

22 – Fàbrica Moritz

In der Fàbrica Moritz genießt man frisch gezapftes Bier direkt aus dem Keller. Das süffige Bier wird in einer für Barcelona sehr eigenen Umgebung serviert. 2016 wird neben dem jetzt schon bestehenden Betrieb noch ein richtiges Restaurant eröffnet.
Ronda de Sant Antoni, 39–41

EIXAMPLE

23 – El Nacional

Das El Nacional wurde Anfang 2015 eröffnet. Ganz im Stile einer Halle der Belle Époque finden sich unter einem Dach fünf verschiedene Restaurationsbetriebe. Am Grill kann man das teuerste Rindfleisch (aus Nebraska oder Kobe) in Barcelona genießen.
Passeig de Gràcia, 24

24 – Cinc Sentits

Das Cinc Sentits macht seinem Namen alle Ehre. Moderne katalanische Küche vom Feinsten. Die hat ihren Preis, aber sie ist es wert.
Carrer d'Aribau, 58

25 – Osmosis

Das Osmosis ist seit Jahren eines meiner Lieblingsrestaurants. Einmal in der Woche kreiert Frederic Fernandez ein 7-Gänge-Menü – etwas anderes gibt es nicht. Zur Wahl steht lediglich, ob man drei, fünf oder sieben Gänge will. Die Gerichte sind immer überraschend neu, voller Fantasie und unglaublich lecker. Die Einschränkung auf ein Menü erlaubt ohne große Lagerhaltung immer frischeste Zutaten! Bei den Weinen sollte man sich auf den Sommelier Ingasi Montes verlassen. Einige der Rezepte dieses Buches stammen von hier.
Carrer d'Aribau, 100

26 – Restaurante Tragaluz

Das Tragaluz ist ein klassisches Restaurant, das seit Jahren seinem unglaublich guten Ruf mit Leichtigkeit gerecht wird. Hier wird moderne katalanische Küche zu einem feinen, wenn auch absolut angemessenen Preis – serviert.
Passatge de la Concepció, 5

27 – La Semproniana

Das Semproniana mit seiner ungewöhnlichen Dekoration ist in einer ehemaligen Druckerei untergebracht. Mit gutem Essen zu vernünftigen Preisen war es lange Zeit mein Lieblingsrestaurant.
Carrer del Rosselló, 148

28 – La Polpa

Dieses Restaurant, das zu einer Kette gehört (Flamant, Balthazar, Les Quinze Nits, Market in Barcelona), bietet immer gutes Essen zu vernünftigen Preisen. Vor allem bietet es ein gutes und günstiges Mittagsmenü.
Carrer d'Enric Granados, 69

29 – La Palmera

In diesem Lokal sollte man, wenn man zu zweit ist, das Degustationsmenü probieren – pro Person drei Vorspeisen und drei Hauptspeisen.
Carrer d'Enric Granados, 57

30 – Etapes

Das Team des Etapes hat es mitten in den Zeiten der Krise geschafft, ein Restaurant zu eröffnen, das gutes Essen zu vernünftigen Preisen anbietet. Und dabei überlebt, ohne Qualitätseinbußen hinzunehmen.
Carrer d'Enric Granados, 10

31 – Cacao Sampaka

Carrer del Consell de Cent, 292

32 – La Vinoteca Torres

Der Global Player in Sachen Wein hat seine Vinoteca vor ein paar Jahren an einer recht teuren Adresse eröffnet. Aber es lohnt sich, dort mal Halt zu machen.
Passeig de Gràcia, 78

33 – Gadgets Cuina

Das Gadgets lässt das Herz eines jeden Hobbykochs höher schlagen. Hier gibt es alles, was man braucht, um seinen Gerichten den letzten Schliff zu geben …
Carrer d'Aragó, 249

POBLE NOU

34 – Dos Cielos

Das Restaurant im Hotel Meliá Barcelona Sky gehört mit zu den feinsten Adressen in Barcelona. Mal bodenständig, mal elegant schaffen die Brüder Torres es immer wieder, ihre Gäste zu überraschen.
Carrer de Pere IV, 272–286

35 – ESHOB, Escola Superior d'Hostaleria de Barcelona

Wer in der Hotelfachschule diniert, wird von angehenden Köchen bekocht und von zukünftigen gelernten Oberkellnern bedient. Das geringe Risiko, dass ein Patzer passiert, wird für die vernünftigen Preise gerne in Kauf genommen.
Carrer del Taulat, 243

GRACIA, SARRIÀ, ST GERVASI

36 – Bar Tomás

Die einzig wahren, echten »Patatas Bravas« in Barcelona genießt man hier!
Carrer Major de Sarrià, 49

37 – Oli Sal

Ein kleiner Fachhandel für feine Speisesalze und Öle. Hier decken sich die Spitzenrestaurants ein.
Travessera de Gràcia 149

BARCELONETA

38 – Cal Pinxo

Das Fischrestaurant in der Barceloneta existiert seit Jahrzehnten und serviert mit immer gleichbleibender Qualität Fisch und Meeresfrüchte.
Plaça de Pau Vila, 1

CANYELLES

Cal Manelet

Wer einmal eine Zeit in den Badeorten Sitges oder Villanova südwestlich von Barcelona verbringt, sollte sich die Mühe machen, dieses wirklich klassisch katalanische Restaurant zu besuchen. Es liegt etwa 12 km im Landesinneren im kleinen Ort Canyelles unterhalb der Burg. Einige der Fotos des Buches sind hier entstanden.
Crta. Vilafranca a Vilanova, 5

REGISTER

KATALAN

SPANISCH

DEUTSCH

NACH ZUTATEN

DANK
Ein dickes Dankeschön geht an folgende Restaurants: Bar Celta Pulperia, Cal Manelet, Cal Pinxo, Bar Tomás, Caelum, Nou Celler, El Xampanyet, El Cafetí, La Paradeta, Osmosis. Und an meinen Freund Marc Robles i Montes. Alle haben sehr zur Entstehung dieses Buches beigetragen.

Produktmanagement: Annemarie Heinel
Textredaktion: Sabine Durdel-Hoffmann
Layout und Satz: SAW Communications, Mainz: Eugenia Demmel
Korrektur: Redaktionsbüro Dr. Sabine Werner, Mainz, in Zusammenarbeit mit Anke Enders
Umschlaggestaltung: Werbeagentur Zero, München
Repro: Repro Ludwig, Zell am See
Herstellung: Bettina Schippel
Text und Rezepte: Stephan Mitsch
Fotografie: Arnold Pöschl, www.arnoldpoeschl.com
Fotoassistenz: Maria-Anna Gasser, Stefan Reichmann
Alle Fotos stammen von Arnold Pöschl, außer Seite 93 (Shutterstock/Marco Ossino) und Seite 97 (Shutterstock/Parry Orly)

Printed in Italy by Printer Trento

* * * * *

Sind Sie mit diesem Titel zufrieden? Dann würden wir uns über Ihre Weiterempfehlung freuen. Erzählen Sie es im Freundeskreis, berichten Sie Ihrem Buchhändler, oder bewerten Sie bei Onlinekauf. Und wenn Sie Kritik, Korrekturen, Aktualisierungen haben, freuen wir uns über Ihre Nachricht an: Christian Verlag, Postfach 40 02 09, D-80702 München oder per E-Mail an lektorat@verlagshaus.de.

Unser komplettes Programm finden Sie unter www.christian-verlag.de

Alle Angaben dieses Werkes wurden vom Autor sorgfältig recherchiert und auf den neuesten Stand gebracht sowie vom Verlag geprüft. Für die Richtigkeit der Angaben kann jedoch keine Haftung übernommen werden.

Die Deutsche Nationalbibliothek verzeichnet diese Publikation in der Deutschen Nationalbibliografie; detaillierte bibliografische Daten sind im Internet über http://dnb.d-nb.de abrufbar.

ISBN 978-3-86244-965-1

Wenn Ihnen dieses Buch gefällt, empfehle ich Ihnen auch New York und Tokio, erschienen im Christian Verlag.

Ihr Stephan Mitsch